Martin Stotz

Die Wirtschaft als ein System von (höchst komplexen) Tauschprozessen - und Wirtschaftskrisen als Störungen dieses Systems

Martin Stotz

Die Wirtschaft als ein System von (höchst komplexen) Tauschprozessen - und Wirtschaftskrisen als Störungen dieses Systems

Die drängendsten Probleme unserer Zeit besser verstehen durch Betrachtung der Wirtschaft als ein System von Tauschprozessen und durch Analyse dieses Systems mit Hilfe von Planspielen mit Modellen der "miniaturisierten Weltwirtschaft"

Kontaktdaten des Autors:

IW Institut für Wirtschaftsforschung Dr. Stotz
Dr. Martin Stotz, Diplom-Kaufmann
Brahmsstr. 4
35510 Butzbach
Tel.: 06033 7497210
Fax: 06033 7497219
E-Mail: martin.stotz@iw.dr-stotz.de
Web: www.iw.dr-stotz.de

Bibliografische Information der Deutschen Nationalbibliothek:
Die Deutsche Nationalbibliothek verzeichnet diese Publikation in der Deutschen Nationalbibliografie; detaillierte bibliografische Daten sind im Internet über http://dnb.dnb.de abrufbar.

Alle Rechte vorbehalten
© 2016 Dr. Martin Stotz, Butzbach

Herstellung und Verlag:
BoD – Books on Demand, Norderstedt

ISBN: 9783741228704

Inhaltsübersicht

1. Einleitung 1
   1.1 Warum habe ich diese Arbeit geschrieben?............................ 1
   1.2 Ökonomen sind bereits dann zufrieden, wenn das "Angebot" der "Nachfrage" entspricht – ich nicht 3
2. Die Wirtschaft als ein System von Tauschprozessen..................... 6
   2.1 Ein Modell bzw. Gedankenexperiment, in dem nur *ein* Mensch auf der Welt lebt.. 6
   2.2 Eine Stufe mehr Realitätsnähe: ein Gedankenexperiment, in dem *zwei* Menschen auf der Welt leben 8
   2.3 *Indirekte* Tauschprozesse ("Tauschketten") 12
   2.4 Die Darstellung von Unternehmen – *Konsequente* Darstellung im Rahmen von *Tauschprozessen* 16
3. Das Wesen des Geldes – und seine Rolle in Tauschprozessen 23
   3.1 Weshalb wir den Eindruck haben, dass ein bedrucktes Stück Papier einen Wert hat 23
   3.2 Das Phänomen "Wert".. 24
      3.2.1 Geld als Mittel zur Dokumentation eines "moralischen" Anspruchs auf eine Gegenleistung............ 25
      3.2.2 Geld als Grundlage, um von einem *unfairen* Tauschpartner eine Gegenleistung zu *erzwingen*.... 29
      3.2.3 Vielleicht sind wir ja fast *alle* ein klein wenig "unfair"?... 32
      3.2.4 Mangelnde Fairness wird erleichtert durch *Anonymität* und *Abkopplung*.................................. 33
   3.3 Geld in der Literatur 33
   3.4 Meine Definition von Geld: eine Menge von Einheiten - abstrakter Einheiten -, die ein Nullsummenspiel ermöglichen 34
   3.5 Voraussetzungen dafür, dass ein Gut als Geld dienen kann, bzw. dass ein Gut die Funktionen von Geld erfüllen kann 37
      3.5.1 *Ausschließlich* arbeitsteilige Tauschwirtschaft 42
      3.5.2 Eine konstant gehaltene Menge von (Geld-) Einheiten im Rahmen von Tausch-*Ketten* 44
4. Ausgewählte Aspekte und Probleme 47
   4.1 Unternehmen 48
      4.1.1 Darstellung von Unternehmen im Rahmen von Modellen mit Tauschprozessen 48
      4.1.2 Unternehmen sind (nur) notwendig, weil wir als Verbraucher hohe Ansprüche haben 62

	4.1.3	Arbeitslosigkeit und ihre Schrecken – ebenfalls eine Folge unserer hohen Ansprüche als Verbraucher...	63
4.2		Maschinen (Automatisierung / Industrieallisierung) verstanden als *intelligente Art der Nutzenstiftung* - anstatt als Kapital..	67
4.3		Staatliche Aktivitäten	73
	4.3.1	Hoheitliche Aktivitäten als besondere Form von Tauschprozessen	79
	4.3.2	Nicht-hoheitliche Aktivitäten (wie Infrastrukturbau, Forschung, Bildung etc.) als besondere Form von Tauschprozessen	81
	4.3.3	Sozialleistungen / Transfers – kein Tauschprozess sondern ein Versorgungsprozess	83
	4.3.4	Einkommensorientierte Steuererhebung - Faktum und Problem..	85
	4.3.5	Schuldenfinanzierung staatlicher Aktivitäten	87
4.4		Sparen..	93
	4.4.1	Sparen im Sinne des *Aufbewahrens* von Geld	93
	4.4.2	Sparen im Sinne des *Anlegens* von Geld	98
	4.4.3	Sparen und Anlegen für eine größere Anschaffung...	98
	4.4.4	Sparen und Anlegen für "schlechtere Zeiten" oder für das Alter	106
4.5		Die Versorgung der Senioren	110
	4.5.1	Staatliche Rente	111
	4.5.2	Private Altersvorsorge – ich habe meine Zweifel ...	113
	4.5.3	Geldanlage bei Unternehmen – ein Fehlverständnis mit fatalen Folgen	118
4.6		Internationaler Handel	149
4.7		Konjunktur und Wirtschaftskrisen.....................................	154
4.8		Wettbewerb – Vorteile und Probleme	167
5.	Zusammenfassung		174
6.	Literatur		176

1 Einleitung

1.1 Warum habe ich diese Arbeit geschrieben?

Die meisten Menschen beschäftigen sich mit den drängendsten Fragen unserer Zeit wie Wirtschaftskrisen, Arbeitslosigkeit, Reichtum / Armut, Altersversorgung, Geldwert, Staatsverschuldung etc. meiner Wahrnehmung nach nur eher aus der alleinigen Perspektive ihrer Alltagserfahrung - die meines Eindrucks nach bedauerlicherweise oft nicht den tatsächlichen Zusammenhängen entspricht. Und sie beschäftigen sich nur sehr *unsystematisch* damit. Aber auch mit der Arbeit und der Haltung vieler *Wirtschaftswissenschaftler* bin ich nicht zufrieden; viele sehen ihre Aufgabe meines Eindrucks nach *nicht* etwa *darin*, die Wirtschaft zu *verstehen*, sondern darin, *mathematische Modelle* zu entwickeln - mit denen sie die Wirtschaft verstehen können. Die Betonung liegt aber auf *mathematisch*. Dabei räumen sie der *Mathematik* m.E. oft einen *höheren* Stellenwert ein als dem Ziel, die *Wirtschaft* zu verstehen. Bei vielen *Detail*-Problemen gelang und gelingt dies durchaus und in hervorragender Weise. Aber bei vielen der drängendsten Fragen unserer Zeit wie *Wirtschaftskrisen, Arbeitslosigkeit*, Reichtum / Armut , *Altersversorgung, Geldwert, Staatsverschuldung* etc. ist das meiner Wahrnehmung nach *nicht* der Fall.

Der Wunsch, diese drängendsten "gesamtwirtschaftlichen" Probleme unserer Zeit besser zu verstehen und hierfür systematisch zu untersuchen, treibt mich schon seit meinem wirtschaftswissenschaftlichen Studium 1987-1992 um. Viele der Modelle der *traditionellen* Wirtschaftsforschung, die ich im Rahmen dieses Studiums kennenlernen durfte bzw. danach las, viele dieser Modelle fand ich zwar sehr interessant, viele andere hingegen hielten Erklärungen bereit, die mich nur zum Teil überzeugen konnten; einige fand und finde sogar recht fragwürdig.

> Ein Beispiel: Viele Ökonomen gehen davon aus, dass der Grund für Arbeitslosigkeit in einem zu hohen Lohnniveau liegt. Sie argumentieren: "Der Lohn ist der Preis für Arbeit. Je höher dieser Preis steigt, desto weniger Unternehmen fragen Arbeit nach." Nicht nur, dass ich
>
> a) diese Argumentation fast schon *zynisch* finde: Ein Stundenlohn von 8,50 Euro zu niedrig??? Zumal für schwere und gesundheitsschädliche körperliche Arbeit??? Die meisten Ökonomen, die diese Meinung verteten, würden für ein solches Gehalt m.E. sicher *nicht* arbeiten - gleichgültig ob sie als Wirtschaftswissenschaftler an Universitäten tätig sind oder in den volkswirtschaftlichen Abteilungen in Unternehmen der freien Wirtschaft. Ich bin durch meine Überlegungen auch

b) zu der Überzeugung gelangt, dass die Gründe für Arbeitslosigkeit sehr viel *tiefer* liegen. Daher denke ich mittlerweile, dass es sich viele jener Ökonomen, die diese Erklärung formulieren, sehr einfach machen. Zu einfach. Viel zu einfach. Und so geht es mir nicht nur mit dem Thema Arbeitslosigkeit, sondern eben auch mit vielen anderen sogenannten "gesamtwirtschaftlichen" Problemen, wie ich sie oben genannt habe.

Also, wie gesagt: Viele der Modelle der traditionellen Wirtschaftsforschung fand und finde ich recht fragwürdig.

Gleichzeitig beraten ja viele Ökonomen viele *politische Entscheidungsträger*. D.h. diese Beratung basiert also u.a. auf diesen Modellen und beeinflusst damit teilweise die Gedanken politischer Entscheidungsträger. Spätestens *damit* nun fühlte ich mich sehr *unwohl*. Aber: nur *kritisieren* und *nichts besser* machen ist natürlich auch nicht der richtige Weg. Daher untersuche ich diese Probleme seit vielen Jahre, etwa seit dem Jahr 2000, *selbst*. Und dies *unabhängig* vom ökonomischen *Mainstream*. Vor allem anhand von miniaturisierten Modellen der Weltwirtschaft. Anhand von *Planspielen* der Weltwirtschaft.

Nur dann, wenn ich mit Modellen arbeite, die ich als Modelle der Weltwirtschaft verstehe, ist es mir möglich,

a) *jeden einzelnen Menschen* und
b) die *gesamte Geldmenge* darzustellen, d.h. *jede einzelne Geldeinheit*.

(Darüber hinaus auch

c) die Aufteilung der Erde in Grundstücke und die Verteilung des Eigentums an den jeweiligen Grundstücken, und
d) die Verteilung des Eigentums an den Rohstofflagerstätten der Erde.)

Und genau dies halte ich für zentral wichtig für das Verständnis vieler Zusammenhänge, und mir ist keine einzige Person des öffentlichen Lebens bekannt, die diese Denkweise anwendet, und auch kein einziger Wirtschaftswissenschaftler.

Nur mit dieser Vorgehensweise kann ich untersuchen, ob, vereinfacht ausgedrückt, jeder Mensch so viel Geld verdient, wie ich es – gemessen an seiner Motivation – als gerecht ansehen würde. Weltweit.

Und ich kam mit dieser Vorgehensweise zu Erkenntnissen, die ich bei den vorherrschenden, "traditionellen" Modellen teilweise *schmerzlich vermisse*. Daher verfolge ich mit dieser Arbeit das Ziel, einer interessierten Leserschaft ein meines Erachtens nach *realistischeres* Verständnis vor allem so genannter *gesamtwirtschaftlicher* Phänomene, Zusammenhänge und Probleme zu vermitteln.

Mein Ansatz ist es, in einem miniaturisierten *Modell der Weltwirtschaft*, in der *jeder einzelne Mensch, jede natürliche Ressource* und *jede einzelne Geldeinheit* abgebildet sind, im Detail anzusehen, *wer wem durch Arbeit einen Nutzen stiftet*, sprich: *ein Bedürfnis stillt* - und von diesem dafür *eine Geldeinheit erhält*.
Ich habe darauf hin begonnen, *eigene* Modelle zu entwickeln. Ökonomen setzen sehr stark auf die (abstrakte) Sprache der Mathematik. Für sehr viele *Detailfragen* kann dies zwar durchaus von unschätzbarem Wert sein. Aufgrund der Klarheit und Exaktheit der Sprache der Mathematik. Jedoch: sie verlieren dabei den einzelnen *Menschen* oftmals fast völlig aus dem Blick. Sie scheinen mit dieser Vorgehensweise die Wirtschaft so zu sehen wie *Ingenieure* eine *Maschine* betrachten oder wie *Physiker* mit *Naturgesetzen* arbeiten. Dies erscheint mir sehr fragwürdig. Denn wir Menschen verhalten uns in unserem täglichen Miteinander nun einmal nicht wie Maschinen und auch nicht wie Naturgesetze. Noch problematischer empfinde ich es, wenn wir Ökonomen von ökonomischen *Gesetzen* sprechen. Spätestens mit *dieser* Terminologie, so scheint mir, tun wir so, als ob alle ökonomischen Phänomene eben einer Art Naturgesetze folgt - und es nicht das *Verhalten eines jeden von uns Menschen* ist, das zu diesen Phänomenen (in der Summe) führt. Und damit verpassen wir die Möglichkeit, ökonomische Probleme *dadurch* zu vermeiden, dass wir unser *Verhalten ändern*.

Mein Grundgedanke bei der Entwicklung dieser Modelle ist: Jedes Problem, welches in der Weltwirtschaft mit ihren derzeit über 7 Milliarden Menschen auftritt, sollte auch in einem *Planspiel mit nur z.B. 5 Personen* (repräsentiert durch Spielfiguren) *simulierbar* sein – denn das Auftreten eines solche Problems dürfte nicht an ein bestimmte Anzahl von Menschen gebunden sein. In einem Planspiel mit nur z.B. 5 Personen kann es aber *verstanden* werden – in der Realität mit etwa 7 Milliarden Menschen hingegen *nicht*."

1.2 Ökonomen sind bereits dann zufrieden, wenn das "Angebot" der "Nachfrage" entspricht – ich nicht

Ich habe eine Art wissenschaftlicher Planspiele entwickelt, wissenschaftlicher Brettplanspiele, in denen ich *jeden einzelnen Menschen* durch eine *Spielfigur* repräsentiere. Traditionell arbeitende Ökonomen fassen in aller Regel z.B. das

Angebots- und das Nachfrage-Verhalten sehr vieler Menschen zu Größen wie das "*Angebot*" und die "*Nachfrage*" auf einzelnen Märkten *zusammen*. Oder sogar zu "gesamtwirtschaftlichem Angebot" und "gesamtwirtschaftlicher Nachfrage". Sie verlieren den einzelnen Menschen damit fast vollkommen aus dem Auge. Ich hingegen betrachte die Situation und das Verhalten *jedes einzelnen Menschen*. Seine

- *Bedürfnisse* einerseits (als Grund dafür, dass man etwas arbeitet), und seine
- *Motivation* (zu arbeiten) andererseits.

In etwas komplexeren Modellen auch seine *Fähigkeiten*.

Und dann frage ich mich stets: welche Voraussetzungen müssen vorliegen, damit

> *jeder einzelne* Mensch seine Bedürfnisse in *demjenigen* Umfang stillen kann (=Nutzen erfahren kann), der seiner (Arbeits-) Motivation entspricht. Jeder einzelne Mensch *weltweit*.

$$\text{Möglichkeit, Bedürfnisse zu stillen}^{*)} \overset{?}{=} \text{Motivation}$$

*) Im Falle von Arbeitsteilung: Möglichkvon jemandem anderen gestellt zu bekommen

Für diejenigen unter Ihnen, liebe Leserinnen und Leser, die Ökonomen sind und die formelle mathematische Darstellungen als hilfreich empfinden: Für *mich* besteht ein Gleichgewicht erst dann, wenn Gerechtigkeit für jeden einzelnen Menschen herrscht, und zwar im Sinne von

$$b_i = m_i$$

mit
b_i Nutzen (Benefit), den die Person i erfahren kann,
m_i Motivation der Person i zu arbeiten
i Personenindex mit $i \in \{1,2,3,...,n\}$
n: Umfang der Weltbevölkerung, bzw. im jeweiligen Modell: der Modell-Weltbevölkerung

Damit unterscheide ich mich sehr von den traditionell arbeitenden Ökonomen, die ein "Gleichgewicht", also eine zufriedenstellende Situation, schon dann sehen, wenn das gesamtwirtschaftliche Angebot der gesamtwirtschaftlichen Nachfrage entspricht.

$$\text{Gesamtwirtschaftliches Angebot} = \text{gesamtwirtschaftliche Nachfrage}$$

also

$$A = N$$

oder, wie in der Ökonomik üblich, in englisch

$$S = D$$

mit
S Angebot, Supply
D Nachfrage, Demand

Ich werde zeigen, dass es Situationen gibt, in denen das Angebot der Nachfrage *entspricht* und *trotzdem* die Situation vieler Menschen *nicht* zufriedenstellend ist, also viele Menschen sich ihre Bedürfnisse nur in *geringerem*, oft *wesentlich* geringerem Umfang stillen können (=Nutzen erfahren können), als es ihrer (Arbeits-) Motivation entsprechen würde, also für viele Menschen gilt[1]

$$b_x < m_x$$

mit
x Index derjenigen Personen, für die dies gilt.

In diesem Beitrag stelle ich nun die wichtigsten dieser Gedanken und Erkenntnisse vor.

---

[1] Siehe z.B. 4.1.3.

2 Die Wirtschaft als ein System von Tauschprozessen

2.1 Ein Modell bzw. Gedankenexperiment, in dem nur *ein* Mensch auf der Welt lebt

Ich analysiere die Ursachen von Reichtum (also ausgeprägtem Wohlstand), gerechtfertigtem und ungerechtfertigtem, und die Ursachen von Armut (also einem Mangel an Wohlstand), gerechtfertigtem und ungerechtfertigtem. Mit einem Wort: ich analysiere die Ursachen von Wohlstand, mangelndem Wohlstand und Gerechtigkeit. Und dies, indem ich mithilfe von Modellen mit einer *handhabbaren / überschaubaren* Menge von Personen arbeite, die ich aber als die *gesamte Weltbevölkerung* verstehe (als "Modell-Weltbevölkerung"). Mit dieser Vorgehensweise kann ich m.E. garantieren,

- dass die *Möglichkeiten* eines jeden Menschen, seine Bedürfnisse durch eigene Arbeit zu stillen (bzw. im Rahmen von "Tauschprozessen"[2] stillen zu lassen), klar zu erkennen sind, und
- dass mögliche *Auswirkung* einer jeden untersuchten Handlung auf die Situation eines jeden existierenden Zeitgenossen deutlich wird und in die Analysen miteinbezogen werden kann.

Die *einfachste* Simulation basiert auf einem Modell der "Weltwirtschaft" mit nur einer (1) Person, eine "1-Personen-Weltwirtschaft". Entscheidend dabei: es gibt außer eben dieser einen Person *keine* weitere, die in der Simulation berücksichtigt werden müsste. Und gleichgültig wie groß das "Spielbrett" und der Maßstab des Spielbretts gewählt wird: ihr stehen lediglich diejenigen natürlichen Ressourcen zur Verfügung, die sie alleine durch eigene Kraft erreichen kann (auf der dargestellten "Erdoberfläche" oder auch einer sprichwörtlichen "Robinson-Insel"). Es ist sozusagen das *reinste* aller möglichen Modelle. An diesem ist denn auch das von mir entwickelte Gleichgewichtskriterium am einfachsten nachzuvollziehen:

Dieser Mensch kann seine Bedürfnisse genau in jenem Umfang stillen, der seiner Bereitschaft zu Arbeiten (Arbeitsmotivation) entspricht.

---

[2] Ich verstehe die Wirtschaft als ein System von Tauschprozessen. Dies werde ich Ihnen im Laufe dieses Beitrags noch genauer erläutern.

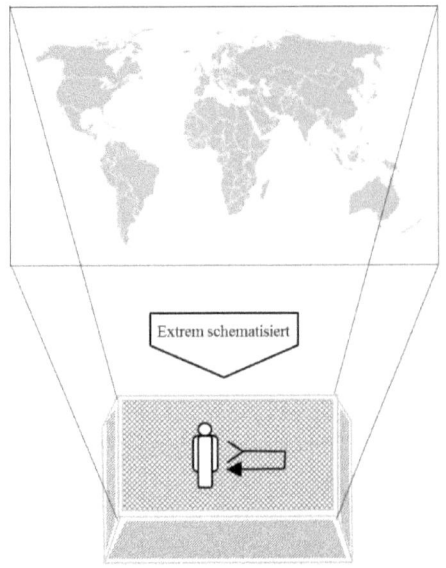

	Erdoberfläche
	Unterirdische Rohstofflagerstätten (nur durch Bergbau zu erreichen)
	Der dargestellte Mensch stillt sein Bedürfnis (Nutzenstiftung) durch Arbeit (und unter Nutzung der vorhandenen Rohstoffe bzw. natürlichen Ressourcen)

Für diejenigen unter Ihnen, liebe Leserinnen und Leser, die Ökonomen sind und die formelle mathematische Darstellungen als hilfreich empfinden:

$b = m$

mit
b: Benefit, Nutzen
m: (Arbeits-) Motivation

Um Ihnen meinen Grundgedanken zu erläutern: Stellen wir uns einmal vor, auf der ganzen Welt würde nur ein einziger Mensch leben. Und stellen wir uns weiterhin vor, die Welt wäre nur so groß wie eine Insel, also überschaubar. Dann wäre unmittelbar klar, dass der Umfang der Bedürfnisse, die dieser Mensch sich stillen kann, abhängt a) von seiner Motivation (seiner Motivation zu arbeiten), b) von seinen Fähigkeiten und c) davon, welche Lebensmittel, Rohstoffe und Energiequellen (kurz: natürlichen Ressourcen) er in dem Gebiet, das er erreichen kann, vorfindet. D.h. je größer seine Motivation ist und je besser seine Fähigkeiten sind, desto mehr seiner Bedürfnisse kann er stillen (Verfügbarkeit der notwendigen natürlichen Ressourcen der Einfachheit halber einmal vorausgesetzt). Und natürlich umgekehrt: je geringer seine Motivation ist oder je schlechter seine Fähigkeiten sind, desto weniger seiner Bedürfnisse kann er stillen.

2.2 Eine Stufe mehr Realitätsnähe: ein Gedankenexperiment, in dem *zwei* Menschen auf der Welt leben

Nun ein Planspiel mit 2 Personen. Es kann jeder für sich arbeiten.

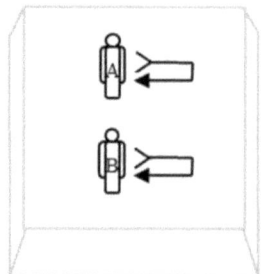

Für diejenigen unter Ihnen, liebe Leserinnen und Leser, die Ökonomen sind und die formelle mathematische Darstellungen als hilfreich empfinden:

$b_A = m_A$ und
$b_B = m_B$

mit
b_A: Benefit, Nutzen der Person A
m_A: (Arbeits-) Motivation der Person A

und analog für Person B

Oder sie vereinbaren *Arbeitsteilung*, eine damit verbundene *Spezialisierung* und einen anschließenden *Tausch*.

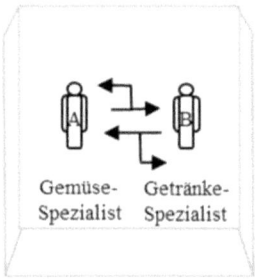

	Bedürfnisse:	Motivation und Fähigkeiten:
A:	- Hunger (Gemüse) - Durst (Getränke)	Gemüse
B:	- Hunger (Gemüse) - Durst (Getränke)	Getränke

A stiftet B durch seine Arbeit einen Nutzen (stillt ihm seinen Hunger, sein Bedürfnis nach Essen). Und natürlich *auch* seinen *eigenen* Hunger. Und umgekehrt stiftet B dem A durch seine Arbeit einen Nutzen (stillt ihm seinen Durst, sein Bedürfnis nach etwas zum Trinken). Und auch seinen eigenen Durst.
Der Umfang der Bedürfnisse, die sich jeder einzelne der beiden stillen kann (durch Selbstversorgung) bzw. stillen *lassen* kann (durch den jeweils anderen, durch Tausch), hängt nun nicht mehr nur von seiner eigenen Motivation und seinen eigenen Fähigkeiten ab, sondern auch von der Motivation und den Fähigkeiten des jeweils anderen.[3] Wenn sich z.B. A auf die Beschaffung von Gemüse spezialisiert hat und (von B im Tausch) 3 Liter Wasser pro Tag wünscht, B aber nur 2 Liter beschaffen kann oder will, dann empfindet A einen Mangel, ein Problem. In der Realität würden wir von einer Wirtschaftskrise sprechen.

---

[3] Wie wir uns in der Realität auf Berufe spezialisiert haben, so gehe ich dabei an dieser Stelle im Modell davon aus, dass die beiden sich *arbeitsteilig organisiert* und dadurch *spezialisiert* haben, z.B. A auf die Beschaffung von Lebensmitteln wie Gemüse und B auf die Beschaffung von Getränken wie Wasser, und zwar *derart* spezialisiert, dass A nicht mehr in der Lage ist, Wasser zu beschaffen, und dafür auf B angewiesen ist, und dass B nicht mehr in der Lage ist, Lebensmittel zu beschaffen, und dafür auf A angewiesen ist.

Für diejenigen unter Ihnen, liebe Leserinnen und Leser, die Ökonomen sind und die formelle mathematische Darstellungen als hilfreich empfinden:

$$b_A = f(m_A, a_A, r_A, m_B, a_B, r_B)$$ und

$$b_B = f(m_B, a_B, r_B, m_A, a_A, r_A)$$

mit den zusätzlichen Variablen
a_A: Ability / Fähigkeiten des A
r_A: Ressourcen (d.h Zugang zu Ressourcen) seitens des A
und analog für B

Auf dieser Komplexitätsstufe können bereits Arbeitsteilung, Zusammenarbeit, Tauschprozesse und Spezialisierung simuliert werden, Eigentumsverhältnisse bzgl. Grundstücken und Rohstofflagerstätten. Außerdem handelt es sich bei diesem Modell um die erste Komplexitätsstufe, auf der auch das Phänomen des Geldes untersucht werden kann.

Das Beispiel des Rechtsinstituts des Eigentums an Grundstücken (kurz und umgangssprachlich: Grundstückseigentum) und/oder Rohstofflagerstätten ist im folgenden dargestellt.

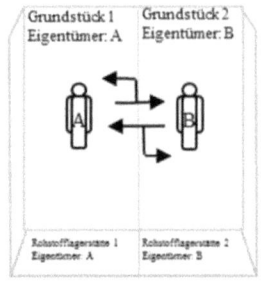

A und B haben auch das Rechtsinstitut des Eigentums an Grundstücken und Rohstofflagerstätten eingeführt. Dabei haben sie vereinbart, dass sie die gesamte (Modell-) "Erdoberfläche" in zwei Stücke aufteilen. Wir sprechen in der Realität von "Grundstücken". Und dass das Grundstück 1 dem A gehören soll und das Grundstück 2 dem B. Genauso verfahren sie mit den Rohstofflagerstätten, die *unterhalb* der Erdoberfläche liegen und aus denen die entsprechenden Rohstoffe nur durch "Bergbau" gefördert werden können. Natürlich sind für die Herstellung von Lebensmitteln und Getränken in aller Regel keine Rohstoffe aus unterirdischen Lagerstätten notwendig. Aber bitte erlauben Sie mir, das

Modell dennoch so zu konstruieren, weil Rohstofflagerstätten *in der Realität* natürlich eine ganz *enorme* Rolle spielen und ich sie daher unbedingt berücksichtigen möchte.

Als nächstes möchte ich Ihnen gerne zeigen, wie ich *Geld* berücksichtige bzw. darstelle. Ich stelle es dar, indem ich zunächst *die gesamte Geldmenge benenne* (Beispiel: "Geldmenge: 2 €") *und* indem ich *jede einzelne Geldeinheit explizit darstelle*.

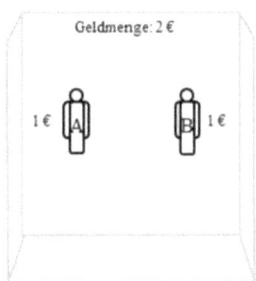

Dann stelle ich die *Tauschtransaktionen* dar *und* die *Geldübergabehandlungen*, die A und B dabei vornehmen.

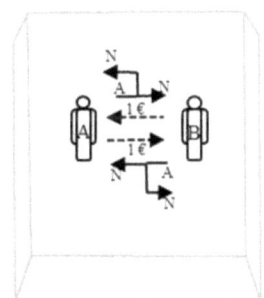

A→	Arbeit (der Pfeil zeigt an, bei wem diese Arbeit einen Nutzen bewirkt, also ein Bedürfnis stillt)
→N	Nutzen (= Stillen eines Bedürfnisses)
--1€▶	Geldübergabehandlung, Übergabe eines Euros

Danach stelle ich erneut die Verteilung der Geldmenge, sprich: der einzelnen Geldeinheiten, dar, wie sie nun nach dem vollzogenen Tauschprozess ausschaut.

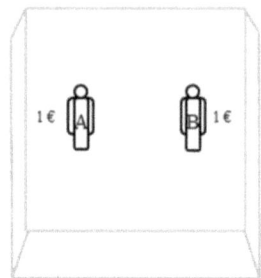

Die meisten Modelle der traditionellen Ökonomie, die ich kenne, berücksichtigen das Thema "Geld" nur durch die Verwendung von Größen wie dem Preis, z.b. in der "Preis-Absatz- " im Rahmen von Marktmodellen, oder von Größen wie dem "Geldangebot" der Zentralenbank(en) und der "Geldnachfrage" von privaten Haushalten im Rahmen von Geldmarktmodellen.[4] Die Kurve Vorgehensweise, wie ich sie hier vorschlage, kenne ich hingegen aus *keiner* Quelle. Ich finde sie aber extrem *wichtig*. Denn der Betrachtungsgegenstand der Wirtschaftswissenschaften sind meiner Überzeugung nach nun einmal *Tauschprozesse*, die das Wesen des Systems Wirtschaft ausmachen. Also sollten wir diese auch als solche *darstellen*.

2.3   *Indirekte* Tauschprozesse ("Tauschketten")

Solche Tauschprozesse zwischen (nur) *zwei* Menschen, wie ich sie oben dargestellt habe, sehen wir in der Realität nur extrem *selten*. Wir nehmen sie vielleicht im Zusammenhang mit *Nachbarschaftshilfe* wahr oder im Zusammenhang mit *Tauschbörsen,* wie es sie heute vielerorts gibt. Dass ich aber die gesamte *Wirtschaft*, die gesamte Weltwirtschaft, als ein (unglaublich komplexes) System von Tauschprozessen verstehe, das werde ich Ihnen erläutern müssen. Denn ich glaube, dass die meisten von uns dies *nicht* so sehen. In der Realität können wir nur noch Tauschprozesse "Arbeit gegen Geld" oder "Produkt gegen Geld" erkennen (nämlich bei der Erwerbsarbeit bzw. beim Verkauf von Produkten), Tauschprozesse "Geld gegen Produkt" (beim Einkauf), oder eben

---

[4] Zu diesen Beispielen siehe Woll 1984.

Tauschprozesse "Produkt gegen Produkt" z.B. in Tauschbörsen. *Nicht* aber die Tauschprozesse "Arbeit gegen Arbeit" (bzw. "Nutzen gegen Nutzen"), die das System Wirtschaft ausmachen. Ein zentraler Grund dafür besteht darin, dass es heute so gut wie nur noch *indirekte* (und dabei *hochkomplexe*) Tauschprozesse gibt, die über eine unüberschaubar große Anzahl von Menschen ablaufen, und so gut wie keine *direkten* mehr (zwischen nur 2 Personen). Das *einfachste* Modell eines solch *indirekten* Tauschprozesses, an *dem* mehr als 2 Personen beteiligt sind, ist eines mit *drei* Personen.

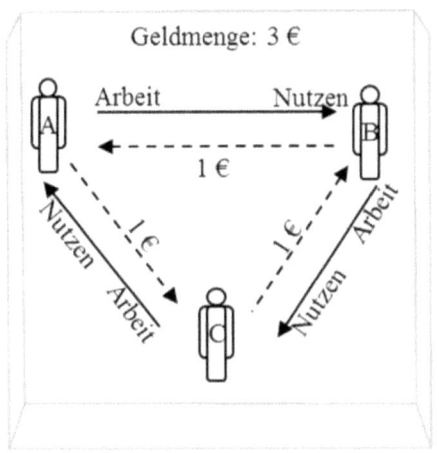

In unserer heutigen hochkomplexen Welt erhält jemand, der arbeitet, also eine Leistung erbringt, die Gegenleistung so gut wie *nie direkt* vom Empfänger des von ihm gestifteten Nutzen. D.h. übertragen auf unser Modell: A, der dem B einen Nutzen gestiftet hat (A→B), wird den Gegennutzen in aller Regel *nicht* von B erhalten, sondern von einem *anderen* Zeitgenossen, im Modell von C. *Dass* sich C motiviert sieht, ihm einen Nutzen zu stiften, liegt darin begründet, dass B dem C einen Nutzen stiftet. Wenn also C dem A einen Nutzen stiftet, ist der "Kreislauf geschlossen", ein (indirekter) Tauschprozess vollendet. Jeder der drei Zeitgenossen hat 1 Nutzeneinheit *gestiftet* und 1 Nutzeneinheit *empfangen*. Damit ist *per Saldo* das *gleiche* Ergebnis erzielt, wie wenn jede der Personen mit jemandem *direkt* getauscht hätte, nur nun eben über den "Umweg" eines *dritten* Tauschpartners. Ich bezeichne dieses Phänomen als System *indirekter* Tauschprozesse oder als System von *Ketten* von Tauschprozessen.[5]

> Anm.: Ich denke, dass dies auch das ist, was wir umgangssprachlich gerne als "Wirtschaftskreislauf" bezeichnen. Nur dass es in der Realität unendlich viel komplexer abläuft. Und, was ich für zentral halte: der Begriff des "Wirtschaftskreislaufs" klingt in meinen Ohren sehr abstrakt, sehr technisch / naturwissenschaftlich. Fast wie der Kreislauf des Wassers oder ein Stromkreislauf. Ich finde es für unser Verständnis der Wirtschaft extrem wichtig, dass wir uns stets vor Augen halten, dass es immer wir Menschen mit unseren *Bedürfnissen*, unserer (Arbeits-) *Motivation* und unserem (Arbeits-) *Verhalten* sind, die diesen "Wirtschaftskreislauf" ausmachen. Daher finde ich es sehr viel hilfreicher, wenn wir eben von "Tauschprozessen" bzw. "Prozessen der gegenseitigen Nutzenstiftung" sprechen - weil wir als Menschen hier "sichtbar" bleiben.

Nun eine *Besonderheit*, die unserer Alltagswahrnehmung *eher entspricht*: Der "typische Durchschnittsbürger", nehmen wir an: A, nimmt lediglich *diejenigen* (Tausch-) Aktivitäten wahr, an denen er *selbst beteiligt* ist. Er scheint sich über die *übrigen* meist *nicht* bewusst zu sein.

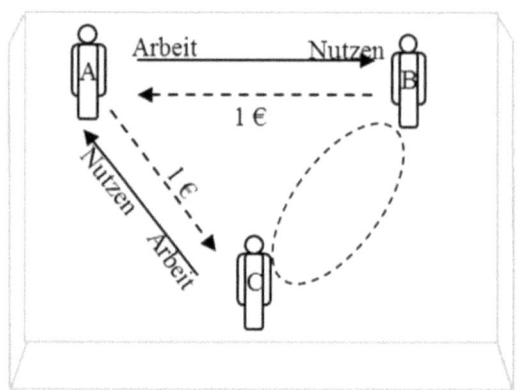

---

[5] Der Begriff des indirekten Tausches verwende ich damit anders als es in der traditionellen Ökonomie häufig der Fall ist. Dort wird mit diesem Begriff der Unterschied zwischen der Naturalwirtschaft und der Geldwirtschaft bezeichnet (siehe etwa Woll 1984, S. 58).

 Teil der Tauschkette, der von A *nicht* als Teil der Tauschkette wahrgenommen wird

Also dass er, A, für B arbeitet und ihm damit einen Nutzen stiftet (A $\xrightarrow{A}$ B) und von diesem dafür Geld erhält (A $\xleftarrow{1\text{€}}$ B). Und dass er sich von diesem Geld etwas *bei jemandem anderen, C, kauft*. Sprich: sich von diesem Geld von jemandem anderen einen Nutzen stiften lässt (A $\xleftarrow{A}$ C und A $\xrightarrow{1\text{€}}$ C). Die gestrichelte Ellipse markiert dabei *jenen* Teil des gesamten Tauschprozesses, den A *nicht* als solchen wahrnimmt. Womit der denn auch nicht mehr wahrnimmt, *dass* es sich um einen Tauschprozess handelt. Aus seiner Sicht "geht er arbeiten" und kann sich für das verdiente Geld "etwas kaufen".

Um der Realität noch ein weiteres Stücklein näher zu kommen, zeige ich Ihnen noch eine solche Tauschkette, an der *mehr* als drei Menschen beteiligt sind. Zunächst wieder die Tauschkette *vollumfänglich* dargestellt.

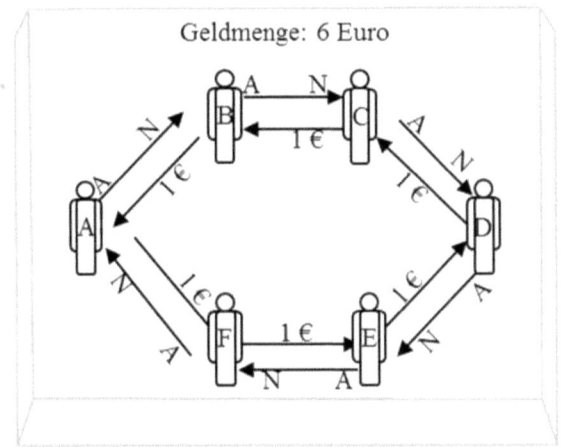

Und nun wiederum nur *denjenigen* Teil dargestellt, den A wahrnimmt.

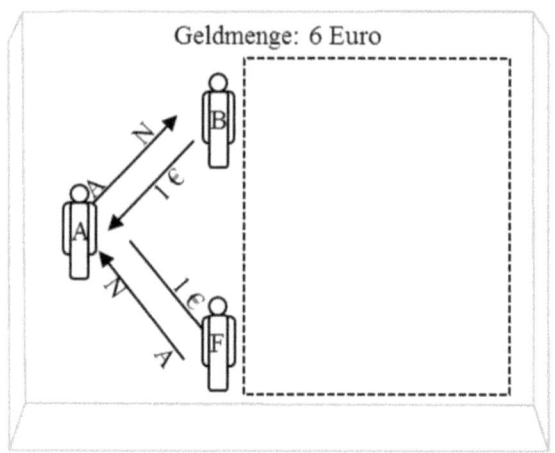

:⃞: Teil der Tauschkette, der von A *nicht* als Teil der Tauschkette wahrgenommen wird

Erläuterung:

- A⇌B: Teil der Tauschkette, den A als "Erwerbsarbeit" wahrnimmt: "Ich arbeite, um Geld zu verdienen".
- A⇌C: Teil der Tauschkette, den A als "Einkauf" wahrnimmt: "Ich kaufe etwas mit dem verdienten Geld".
- B⇌C, C⇌D, D⇌E, E⇌F: Teile der Tauschkette, die A in aller Regel *nicht* bewusst wahrnimmt.[6]
- Die Person, bei der A *einkauft* (F, z.B. ein "Gemüsebauer"), ist also eine *andere* als diejenige, für die er *arbeitet* und von der er sein *Einkommen* bezieht (B, "Arbeitgeber")

2.4 Die Darstellung von Unternehmen – *Konsequente* Darstellung im Rahmen von *Tauschprozessen*

Die Realität ist bekanntlich von *Unternehmen* gekennzeichnet, "für die" die meisten von uns arbeiten, "von denen" sie ihr Einkommen beziehen und "von

---

[6] Viele Menschen dürften ihn bestenfalls mit dem Begriff des "Wirtschaftskreislaufes" verbinden – wobei sie sich nach meiner Ansicht kaum gewahr sind, dass der Wirtschaftskreislauf als ein System von Tauschprozessen gesehen werden kann, wie es in der obigen Graphik dargestellt ist, weswegen ich den Tausch "Nutzen gegen Geld" zwischen B und C hier nur noch als "Wolke" symbolisiere.

denen" sie denn auch wieder die Produkte des täglichen Lebens kaufen. In der traditionellen Volkswirtschaftslehre werden Unternehmen gerne als ein "Sektor" dargestellt (neben dem Sektor der "Privaten Haushalte" und dem Sektor "Staat"). Ich halte dies nicht für unbedingt hilfreich, denn es suggeriert, dass "Unternehmen" eigenständige Phänomene sind, die unabhängig von Menschen agieren können. Meine Vorgehensweise: Ich behalte konsequent die Darstellung von *Tauschprozessen* bei. Ich stelle sämtliche *Menschen* dar, die in dem Modell "leben" / existieren, und zeige auf, dass *einige* dieser Menschen *als Unternehmer tätig* sind (oder zumindest selbstständig), alle anderen als *Mitarbeiter* (dieser Unternehmer) arbeiten und *alle zusammen* Produkte herstellen. Arbeitsteilig-kooperativ. Und hochgradig spezialisiert. Unter der Leitung des jeweiligen Unternehmers. Produkte, die letzten Endes *von all ihnen selbst* auch wieder *gekauft* werden. D.h. im Grund nichts anderes, als dass *jeder jedem täglich durch seine Arbeit einen Nutzen stiftet,* ein Bedürfnis stillt. Nur dass die nutzenstiftende Arbeit eines jeden Menschen gemeinsam mit der Arbeit vieler zur Entstehung eines *Produktes* führt und damit die nutzenstiftende Wirkung der Arbeit des Einzelnen *nicht* mehr *erkennbar* ist. Jeder Mensch, ob Unternehmer oder ein Mitarbeiter, stiftet damit tagtäglich Anderen durch seine Arbeit einen Nutzen und erhält auch von Anderen einen Nutzen gestiftet. Damit handelt es sich um Tauschprozesse. Um ein System von Tauschprozessen. Ich stelle dies einmal dar unter der Annahme, dass *jeder* (täglich) für *jeden* arbeitet – was so in der Realität natürlich *nicht* der Fall ist.

Zunächst in einem Modell *ohne* Geld dargestellt.

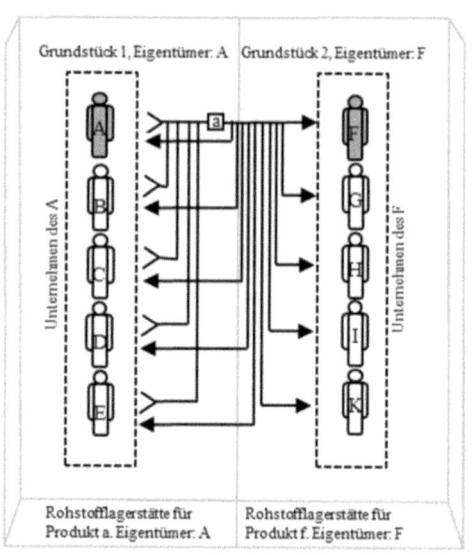

Grau markierte Person = Unternehmer

Nicht grau markierte Person = Mitarbeiter

☐   Produkt (a = Produkt, das "vom Unternehmen" A's hergestellt wird, b = Produkt, das "vom Unternehmen" B's hergestellt wird)

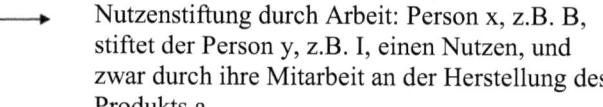 Nutzenstiftung durch Arbeit: Person x, z.B. B, stiftet der Person y, z.B. I, einen Nutzen, und zwar durch ihre Mitarbeit an der Herstellung des Produkts a.

Dieses Modell enthält zwei Unternehmen. Eines auf der linken Seite und eines auf der rechten. Die Personen A bis E bilden das Unternehmen des A, F bis K das Unternehmen des F. Die grau markierten Personen sind die Unternehmer, alle anderen die jeweiligen Mitarbeiter. Dieses Modell musste ich allerdings in zwei Teile aufteilen. Im ersten Teil konnte ich nur die Nutzenstiftungsprozesse der Personen, die zum Unternehmen des A gehören, darstellen. Hätte ich gleichzeitig jene Nutzenstiftungsprozesse eingezeichnet, die von den Personen des Unternehmens des F ausgehen, dann wäre das Modell extrem unübersichtlich geworden. Diese habe ich daher in einem Teil zwei separat dargestellt.

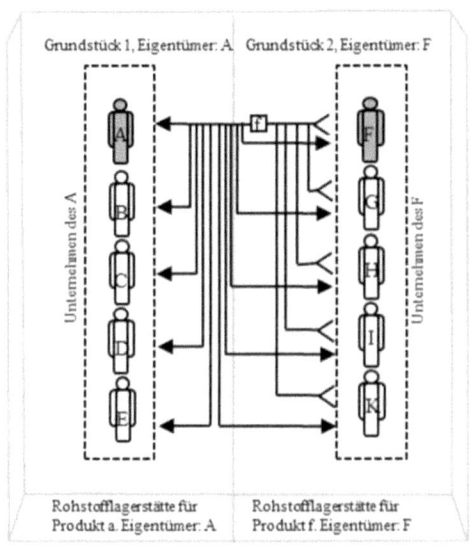

Dieses Modell kann auch mit Geld ausgestattet werden.

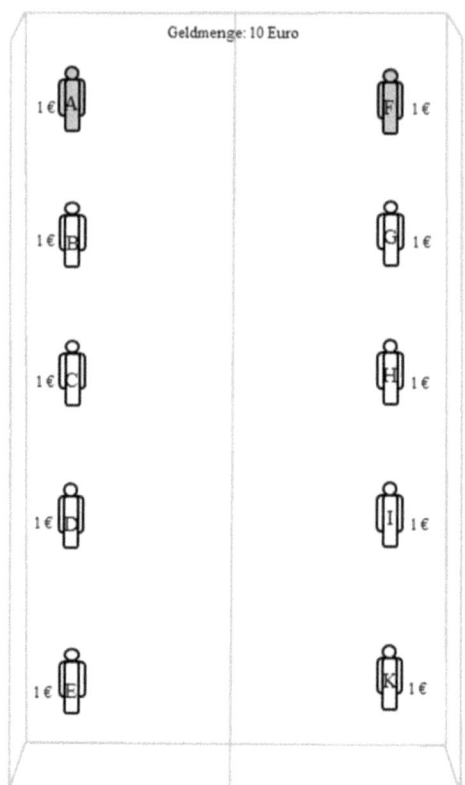

Wenn die Menschen nun täglich gemeinsam ihre Produkte herstellen und der Unternehmer sie erfolgreich verkauft, ergeben sich folgende Handlungen bzw. Transaktionen der Nutzenstiftung und der Geldübergabe bzw. Zahlungen.

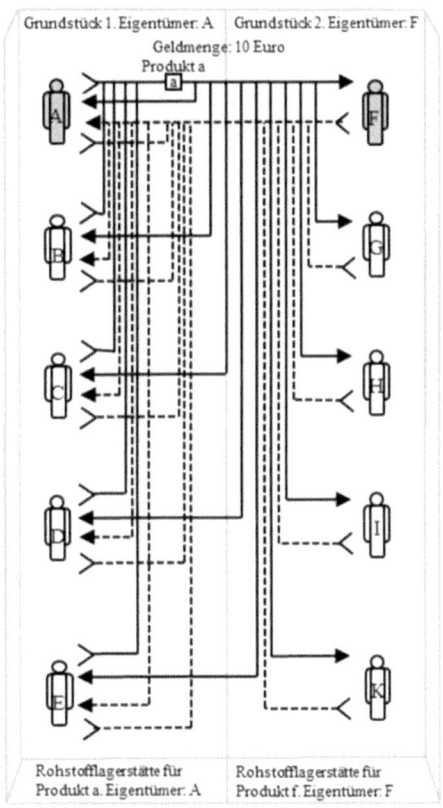

‐ ‐ ‐ ‐ ‐▶   Übergabehandlung / Zahlung einer Geld-
            einheit / "Zahlungsstrom"

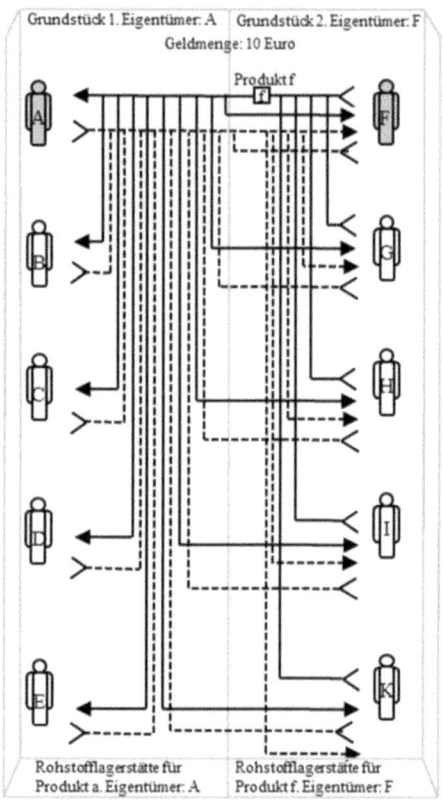

Ich bin aus Gründen der Übersichtlichkeit wiederum gezwungen, dieses Modell in zwei Teile aufzuteilen. Teil 1 enthält die Nutzenstiftung durch das linke Unternehmen, Teil 2 den Nutzenstiftung durch das rechte Unternehmen und damit die *Gegenleistungen*, die die Personen F bis K den Personen A bis E für deren Leistung erbringen.

Extrem wichtig ist mir bei Modellen mit Geld, dass ich stets die *gesamte Geldmenge sichtbar darstelle*, nämlich durch Nennung des Betrags der Geldmenge sowie durch Darstellung jeder einzelnen Geldeinheit. Und dass ich auch die *Zahlungen*, also die Übergabehandlung einer jeden Geldeinheit, erkennbar darstelle. So dass ich zu jedem Zeitpunkt der Simulation genau weiß, wie viele Geldeinheiten vorhanden sind und wo bzw. bei wem sich jede einzelne dieser Geldeinheiten befindet. Eine *solche* Vorgehensweise kenne ich aus keiner Quelle der traditionellen Volkswirtschaftslehre, halte sie aber für sehr wichtig für präzise Analysen. Und ich hege den Verdacht, dass traditionell arbeitende Volkswirte wichtige Aspekte und Zusammenhänge *übersehen*, weil sie genau dies *nicht* tun.

3 Das Wesen des Geldes – und seine Rolle in Tauschprozessen

In modernen Gesellschaften spielt Geld eine zentrale Rolle, damit sage ich Ihnen nichts Neues. Und dennoch wissen die meisten von uns nur sehr wenig darüber, was Geld eigentlich ist, also was eigentlich das *Wesen* des Geldes ist. Weshalb es uns als Tauschmittel dient, was ein Tauschmittel überhaupt *ist*, weshalb es einen "Wert hat", "gespart" werden kann etc. Kurz um: es stellt sich mir die Frage, weshalb jenes so kunstvoll und aufwändig hergestellte und bedruckte Papier einen "Wert" hat (oder besser: haben soll). Man könnte diese Frage natürlich beiseite schieben mit dem Argument, dies sei eine rein akademische Frage und für die Menschen im Alltag vollkommen ohne Belang. Da wir aber gleichzeitig alle sehr darunter zu leiden haben, wenn dieses Geld seinen Wert *verliert* ("Inflation") oder wir nicht so viel Einkommen erzielen können, wie wir uns dies wünschen ("Wirtschaftskrise"), möchte ich der Rolle des Geldes in Tauschprozessen "Arbeit gegen Arbeit" näher auf den Grund gehen.

Übrigens gibt es auch zum Thema "Wesen des Geldes" zwar eine *Unmenge* von Literatur. Jedoch habe ich bislang *keinen* Beitrag gefunden, der mir das Wesen des Geldes zufriedenstellend erklärt. Also die Frage zufriedenstellend erklärt, weshalb wir dem bedruckten Stück Papier jenen Wert beimessen, den wir ihm beimessen. Anhand von überschaubar kleinen Modellen der Weltwirtschaft, so wie ich sie hier in dieser Arbeit darstelle, lässt sich aber genau diese Frage m.E. wunderbar und sehr anschaulich beantworten.

3.1 Weshalb wir den Eindruck haben, dass ein bedrucktes Stück Papier einen Wert hat

In der Literatur zur Geldtheorie wird Geld übereinstimmend eine *Wertaufbewahrungsfunktion* zugesprochen. Dies scheint auch unserer Alltagserfahrung zu entsprechen. Allerdings bis auf Krisenzeiten, z.B. in Zeiten von Inflation. Diese Funktion wird dabei in einer Art und Weise und mit einer Selbstverständlichkeit dargestellt, die schon fast den Eindruck erweckt, dass jeder einzelnen Geldeinheit bereits *per se* ein Wert anhaftet. Dass dem aber nicht wirklich so sein kann, kommt in der Formulierung von Woll zum Ausdruck, Geld sei "etwas, nach dem Menschen letztlich nicht verlangen."[7] D.h. Geld ist etwas, mit dem sein Besitzer nicht ein Bedürfnis befriedigen kann (nicht unmittelbar, nur durch Einsatz im Rahmen eines Tausches "Geld gegen Produkt bzw. Nutzen"!). Darüber hinaus zeigen Störungen (Krisen, Inflationen), dass die einzelne Geldeinheit nicht einen Wert darstellen kann, denn sonst wäre der Wert einer betrachteten Geldeinheit stets der selbe. Wie es scheint, umgibt die Begriffe "Geld" und "Wert" also nach wie vor ein Schleier des Vagen, Ungewissen, letztlich noch nicht hinreichend Geklärten.

Ich nähere mich einer Antwort darauf, indem ich zunächst das *Wesen* des Phänomens "Geld" auf der Basis einer Simulation *genauer* herauszuarbeiten versuche, als dies nach meiner Kenntnis bislang in der Literatur geschehen ist. Denn das Wesen von Geld ist meiner Wahrnehmung nach in der *Bevölkerung fast völlig* unbekannt, und in den Wirtschaftswissenschaften wurde es bislang fast nur *hilfsweise* beschrieben, und zwar anhand der *Funktionen*[8], die wir Menschen von seiner Verwendung erwarten bzw. uns erhoffen. Aber es wurde nie wirklich das Wesen *selbst* beschrieben. Das wäre wie wenn ich jemanden frage, was das Wesen eines Autos ist, und dieser mir antwortet: "Ein Auto ist etwas, womit man von A nach B kommt". Ich versuche hier abzu. Das ist zwar die *Funktion* eines Autos, aber *nicht* sein *Wesen*. Sein *Wesen* besteht unter anderem im Verbrennungsmotor und Rädern. *Danach* untersuche ich die *Wertaufbewahrungsfunktion*. Dabei arbeite ich zunächst das Wesen des Begriffes "Wert" heraus und zeige anschließend, dass diese Werterhaltungsfunktion *nur unter bestimmten Voraussetzungen*[9] feststellbar ist. Dabei wird sich herausstellen, dass "Wert" als ein eher *soziologisches* Phänomen verstanden werden kann, nämlich als Folge einer gegenseitigen *Abhängigkeit*[10], dem man mit dem eher mechanistisch anmutenden Begriff der "Wertaufbewahrung" nur sehr begrenzt gerecht werden kann. (Denn ein *Verhalten* eines Menschen kann nur schwerlich "aufbewahrt" werden).

3.2 Das Phänomen "Wert"

Das Phänomen "Wert" ist meiner Auffassung nach eine *Erwartung* eines Menschen A gegenüber einem anderen Menschen B, dass dieser B dazu bereit ist,

---

[7] Woll 1984, S. 455.
[8] Tauschmittelfunktion, Recheneinheit, Wertaufbewahrungsfunktion
[9] Die Herausarbeitung dieser Voraussetzungen betrachte ich als eines der zentralen Ergebnisse dieses Beitrags, da ein Wegfall dieser Werterhaltungsfunktion ja mit die schlimmsten Folgen für das arbeitsteilige Zusammenleben und damit für jeden einzelnen Menschen nach sich zieht.
[10] Wir alle sind gegenseitig voneinader abhängig, und zwar existenziell abhängig, wie ich später noch zeigen werde.

dem A durch Arbeit einen Nutzen zu stiften. Falls Sie sich schon an dieser Stelle für das Ergebnis dieses Abschnitts interessieren: dieses Ergebnis wird die Überlegung sein,

- dass Geld *nicht per se* einen *Wert besitzt*,
- sondern dass jeder Zeitgenosse in "normalen" Zeiten bereit ist, für mich zu arbeiten, wenn ich ihm dafür Geld verspreche, weil er weiß, dass jeder andere Zeitgenosse wiederum bereit sein wird, *für ihn* zu arbeiten, wenn er ihm das von mir erhaltene Geld verspricht

Oder deutlich exakter ausgedrückt, aber leider auch abstrakter:

- dass Geld *nicht per se* einen *Wert besitzt*
  (eine Überlegung, die Sie bestimmt auch schon oft angestellt haben und die sich auch in dem geflügelten Wort "Geld kann man nicht essen" widerspiegelt),

- sondern dass in einem System, in dem ausschließliche Arbeitsteilung praktiziert wird, der Besitz einer Geldeinheit ihrem Besitzer B anzeigt, dass
  - unter bestimmten Voraussetzungen
  - eine hohe Wahrscheinlichkeit besteht,

- dass ein Zeitgenosse X sich motiviert fühlen wird, gegen Herausgabe dieser Geldeinheit dem Besitzer B durch Arbeit einen Nutzen zu stiften,

- da dieser Zeitgenosse X seinerseits auf den Erwerb dieser Geldeinheit angewiesen ist, weil er selbst
  - unter den gleichen Voraussetzungen
  - mit hoher Wahrscheinlichkeit

- davon ausgehen kann, von einem weiteren Zeitgenossen Y einen Nutzen gestiftet zu bekommen (etc.).

Dies war nun, wie vorausgesagt, unglaublich abstrakt. Ich möchte es Ihnen nun nachvollziehbar herleiten.

3.2.1   Geld als Mittel zur *Dokumentation* eines "moralischen" *Anspruchs* auf eine Gegenleistung

Im Grunde genommen ist die *grundlegende* Funktion der Verwendung einer Menge Geldes durch eine Gesellschaft eine *rein dokumentarische*. Dies will ich an folgendem Gedankengang zeigen. Grundlage ist ein Modell der Weltwirtschaft mit 2 Personen und einer Geldmenge von M = 2 Geldeinheiten (GE, €).

Wir nehmen an, dass beide nur die Grundbedürfnisse a) Hunger und b) Durst haben, und dass sie *Arbeitsteilung* vereinbart haben (so, wie wir es in der Realität ja auch haben) und sich durch diese Arbeitsteilung *spezialisiert* haben. A auf die Beschaffung von Lebensmitteln wie Gemüse, B auf die Beschaffung von Getränken wie Wasser.

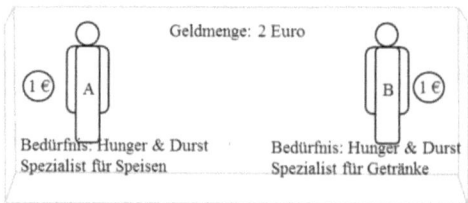

A und B vereinbaren täglich einen Tausch. A verpflichtet sich, B am Tag 1 um 10:00 Uhr eine 1 Mengeneinheit (ME) des Gutes X zu liefern, konkret: 1 Brot. Dafür soll er von B 1 € bekommen. Dies ist derjenige Teil der (gesamten) Geldmenge, der sich zu Beginn der Simulation, also zum Zeitpunkt der Vereinbarung, in seinem Besitz befindet. B verpflichtet sich umgekehrt, A um 12:00 Uhr 1 ME des Gutes Y zu liefern, konkret: 1 Liter Getränke. Dafür soll er von A (ebenfalls) 1 € erhalten. A liefert um 10:00 Uhr wie vereinbart, B bezahlt wie vereinbart.

Tag 1

Transaktion
10:00 Uhr

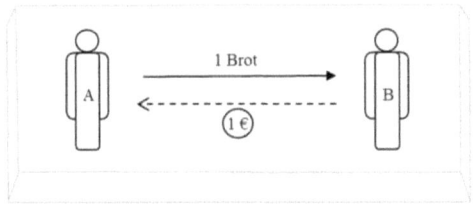

Nun befinden sich beide Geldeinheiten (also die *gesamte* Modell-Geldmenge!) bei A.[11]

Die Tatsache, dass sich nun auch diejenige Geldeinheit, die ursprünglich B besaß, bei A befindet und B keine Geldeinheit mehr sein Eigen nennt, dokumentiert nun für beide sichtbar, dass A ein "moralisches Guthaben"[12] gegenüber B hat. Wir gehen davon aus, dass B ein seriöser Tauschpartner ist. Daher wird er diese Tatsache zum Anlass nehmen, dem A wie vereinbart um 12:00 Uhr die Gegenleistung zu erbringen.

---

[11] Dass sich die *gesamte* Geldmenge eines Landes im Besitz *eines* Zeitgenossen befindet, wird in der Realität *nie* vorkommen. Dies in meinem *Modell* zu *simulieren* ermöglicht es mir aber, wunderbar die Wirkung der Verwendung von Geld zu zeigen. Deutlicher als ich es bislang je in einem Lehrbuch der Volkswirtschaftslehre finden konnte.

[12] Der Begriff des Guthabens wird in aller Regel in Verbindung mit *Giralgeld* verwendet ("Bankguthaben"). Aber auch die Situation, die ich hier beschrieben habe, weist den Charakter eines Guthabens auf. Daher spreche ich hier zur Abgrenzung gegenüber einem Giralgeldguthaben (als "tatsächlichem" Guthaben) von einem "moralischen" Guthaben. Das ist die Sitation, in der der Erstleister E moralisch einen Anspruch auf eine Gegenleistung hat, den ihm jeder gerecht und billig denkende Mensch zusprechen würde, ohne dass aber ein schriftliches Dokument (wie etwa in Form eines Kontoauszuges oder eines Schuldscheines) darüber exisiert.

Tag 1

Transaktion
12:00 Uhr

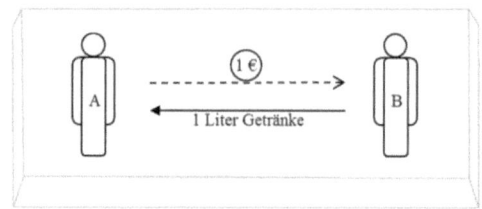

Beide haben nun durch ihre Arbeit dafür gesorgt, dass der jeweils andere eines seiner beiden Bedürfnisse stillen konnte, A den Durst und B den Hunger. Nun braucht nur noch jeder im Wege des *Selbstversorgung* sich selbst das jeweils andere Bedürfnis stillen. Also A für sich selbst ein Brot herstellen und B für sich selbst Wasser besorgen. *Damit* können dann *beide* ihre *sämtlichen* Bedürfnisse stillen: Hunger *und* Durst. Die Selbstversorgung stelle ich hier *nicht* dar. Noch ein wesentliches Ergebnis: Beide besitzen wieder jeweils 1 Geldeinheiten. Die Geldmenge ist also wieder so verteilt wie am Anfang.

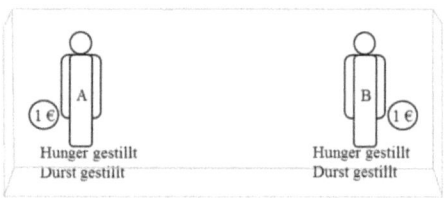

Das Geld hat bei zwei fairen Zeitgenossen also "lediglich" die Funktion, jedem der beiden zu jedem Zeitpunkt zu zeigen bzw. zu dokumentieren, wer wem eine Leistung erbracht hat und wer wem noch eine Leistung, die Gegenleistung, zu erbringen hat. So war für beide nach A's Leistung um 10:00 Uhr erkennbar dokumentiert, dass er für B gearbeitet hat und dass B ihm daher eine Gegenleistung schuldet. Mit der *Rückgabe* der Geldeinheit durch A an B nach Getränkelieferung um 12:00 Uhr und der damit wiederhergestellten Gleichverteilung der Geldmenge ist für beide erkennbar dokumentiert, dass *keiner* dem anderen (mehr) eine Leistung schuldet.

3.2.2 Geld als Grundlage, um von einem *unfairen* Tauschpartner eine Gegenleistung *erzwingen* zu können

Nun zur Funktion des Geldes, im Falle eines *unfairen* Tauschpartners dem Erstleister zu helfen, von diesem Tauschpartner eine Gegenleistung fast schon zu *erzwingen*. Nehmen wir an, B sei ein solcher *unfairer* Mensch, der im Grunde *nicht* wirklich gewillt ist, für A zu arbeiten (sprich: für ihn die versprochene Mengeneinheit (ME) des Gutes Y herzustellen, konkret: Getränke). Der *erste* Teil der Darstellung *gleicht* dann noch der vorgenannten: A arbeitet für B, aber nur gegen Bezahlung der Geldeinheit (€), die in der Anfangssituation B's Eigentum war.

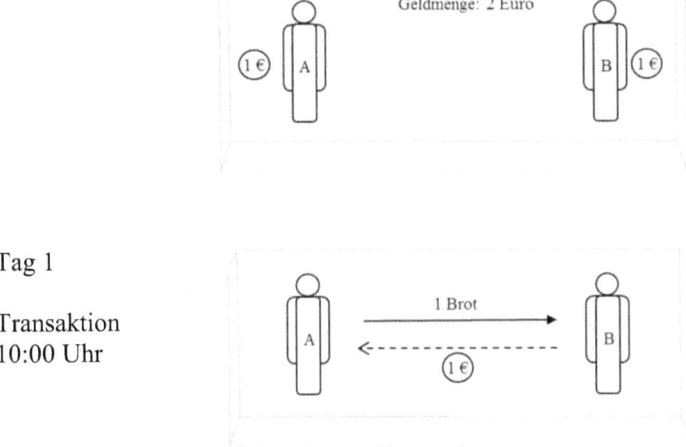

Tag 1

Transaktion
10:00 Uhr

Nun befinden sich beide Geldeinheiten (also die *gesamte* Modell-Geldmenge!) bei A.

Der Besitz *beider* Geldeinheiten versetzt A nun aber in die Lage, die Gegenleistung von B quasi zu *erzwingen*.[13] B wird sich zwar zunächst zu *weigern* versuchen, A die vereinbarte Mengeneinheit des Produktes Y (Getränke) herzustellen.

Tag 1

Transaktion
12:00 Uhr

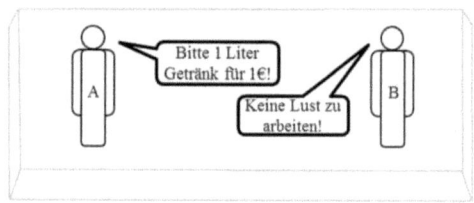

Die Folge ist, dass A an diesem Tag seinen Durst *nicht* stillen kann (nur seinen Hunger, denn ein Brot kann er ja selbst backen).

Jedoch wird B nicht viel später, z.B. direkt am Folgetag, *erneut* Hunger haben. Da aber nur *A* (als Spezialist) in der Lage ist, Brot herzustellen, nicht aber B selbst - diese Spezialisierung kennen wir aus der Realität - ist B nun darauf *angewiesen*, von A dieses Produkt (erneut) zu kaufen. Aber er hat ja kein Geld mehr. A wird aber nur dann erneut bereit sein, für B Brot herzustellen, wenn dieser ihm dafür 1 € geben kann.

---

[13] Dies gilt zwar nur unter der Bedingung, dass B später *erneut* ein Bedürfnis nach Produkt x, also Brot, verspüren wird, wie ich gleich zeige. Diese Bedingung dürfte aber in der Realität in der Regel gegeben sein: B wird auch am *nächsten* Tag Hunger haben, und an *sämtlichen Folgetagen* seines Lebens auch.

Tag 2

Transaktion
10:00 Uhr

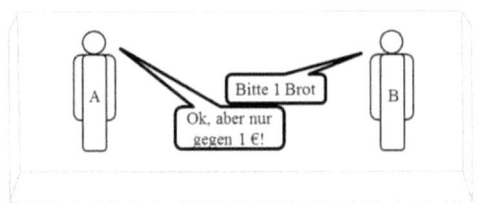

B sieht sich also *gezwungen*, zunächst selbst "Geld zu verdienen", wie wir umgangssprachlich sagen würden. "Geld verdienen" kann B in diesem Modell aber *nur dadurch*, dass er für A Getränke herstellt. Tut er dies – und realiter *wird* er sich *tatsächlich* gezwungen sehen, es zu tun –, dann kann A damit jenen Nutzen genießen (Durst stillen), den er sich durch die Vereinbarung des Tausches mit B und mit der Arbeit für B *versprochen* hat.

Tag 2

Transaktion
12:00 Uhr

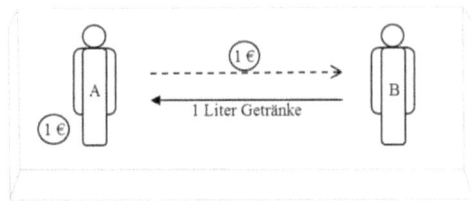

Nun also kann A seinen Durst stillen.

Und wenn er sich auch noch ein Brot herstellt, dann kann er seine *sämtlichen* Grundbedürfnisse stillen, also Hunger und Durst. (Ob B für sich selbst Getränke beschafft, um damit auch seinen eigenen Durst zu stillen, sei an dieser Stelle ihm und seiner persönlichen Motivation überlassen.)

Wir sehen also, dass die Verwendung von Geld dem A und dem B *nicht* nur eine *Dokumentation* ihrer "Tauschbilanz" bietet, sondern darüber hinaus A auch in die Lage versetzt hat, von B die Gegenleistung für die bereits geleistete Arbeit zu *erzwingen*.

Gesamtergebnis "am Ende des Tages 2": beide haben ihre jeweiligen Bedürfnisse vom jeweils anderen gestillt bekommen. Zwar hat A seinen Durst erst "am Vormittag" des Tages 2 gestillt bekommen, durch die Getränkeproduktion B's. Jedoch wenigstens zu diesem Zeitpunkt.

Der "Wert", den wir Geld beimessen, besteht meiner Überzeugung nach also in dieser Möglichkeit, für geleistete Arbeit eine Gegenleistung erwarten oder im Zweifel sogar erzwingen zu können.

3.2.3   Vielleicht sind wir ja fast *alle* ein klein wenig "unfair"?

Vielleicht sind sogar die *meisten* von uns ein *klein wenig* "unfair"? Mich selbst selbstredend leider eingeschlossen! Vielleicht verhalten sich *viele* von uns nach dem "ökonomischen Prinzip", das da lautet, möglichst viele Bedürfnisse gestillt zu bekommen (=Nutzen zu erfahren) bei möglich geringem eigenen Arbeitseinsatz. Hierzu ein kleines Gedankenexperiment: Würden nicht viele von uns gerne nur noch ihren Interessen nachgehen, wenn sie z.B. im Lotto einen Betrag gewonnen hätten, der ihnen für den Rest des Lebens den "Lebensstandard" ermöglicht, den sie als ausreichend empfinden? Dabei verkenne ich natürlich nicht, dass sich *unzählige* Menschen *ehrenamtlich* für andere engagieren würden. Aber der *Erwerbsarbeit*, so vermute ich, würde sich doch die ganz überwiegende Mehrheit entziehen. Wenn ich aber einen "Lebensstandard" auf der Basis eines Lottogewinnes habe, ist das nichts anderes, als den Nutzen zu genießen, den mir andere Menschen durch die Schaffung von Produkten bzw. Dienstleistungen stiften, *ohne* dass ich diesen Menschen dafür *meinerseits* durch persönliche Arbeit einen Nutzen stifte. Auch wenn wir z.B. einen 100-Euro-Schein auf der Straße finden: Einige von uns würden ihn zum Fundamt bringen, manche würden ihn aber auch behalten und sich verständlicherweise darüber freuen. Was ich damit zum Ausdruck bringen will, ist: die *meisten* Menschen gehen einer Erwerbsarbeit selbstverständlich nach, einfach weil sie wissen, dass das im Leben nun einmal notwendig ist; sie würden es aber *nicht* mehr tun, wenn sie es als *nicht* notwendig betrachten würden (eben z.B. durch einen "Geldgewinn"). Dann würden wir es *durchaus* genießen, dass andere Menschen für uns arbeiten, ohne dass wir unsererseits für sie arbeiten müssten. Will zusammengefasst heißen: Die Möglichkeit, eine Gegenleistung zu *erzwingen*, halte ich für durchaus *notwendig*.

3.2.4   Mangelnde Fairness wird erleichtert durch *Anonymität* und *Abkopplung*

Verstärkt wird diese Grundhaltung noch dadurch, dass in unserer modernen Gesellschaft die Tauschprozesse *extrem komplex* sind, was dazu führt, dass die Tauschpartner sich einander in aller Regel *nicht kennen*. Während wir Menschen bereits unter *Familienangehörigen, Freunden und Bekannten* ab und an nicht ganz frei von jeglichem Egoismus zu sein scheinen, wird dieser Egoismus m.E. noch *verstärkt*, wenn man sich nicht kennt. Würde in einer Gesellschaft, die sich auf eine Dorfgemeinschaft beschränkt (archaisches Modell), Lotto gespielt werden, dann würde allen Dorfbewohnern sehr schnell deutlich werden, dass ein Hauptgewinn dazu führt, dass sich der Gewinner für den Rest seines Lebens von den übrigen Dorfbewohnern versorgen lassen kann. Aus der Perspektive der Anderen bedeutet dies, dass alle anderen Dorfbewohner den Gewinner durch ihrer Arbeit versorgen müssten. Dazu wäre wohl kein Bewohner dieses Dorfes bereit (weswegen eine Gesellschaft, in der jeder jeden kennt, meiner Überzeugung nach niemals ein Lottospiel einführen würde). In der modernen Welt aber kennt jeder nur eine sehr begrenzte Anzahl von Zeitgenossen (Familienmitglieder, Freunde, Bekannte), also vielleicht einige Hundert. Die meisten Mitmenschen kennen wir aber *nicht* (zum Bewusstsein: wir haben derzeit 7 Milliarden Menschen auf der Welt). Diese Tatsache macht es uns *einfach*, sich von einem anderen einen Nutzen stiften zu lassen, ohne diesem eine Gegenleistung zu erbringen. Die meisten *anständigen* Menschen würden dies meiner Erfahrung nach durchaus als Annehmlichkeit *annehmen*. *Kriminelle* werden dies sogar *bewusst* versuchen. Also ist der Erstleister darauf *angewiesen*, ein Instrument zu haben, mit welchem er seinen Tauschpartner dazu *zwingen* kann, die Gegenleistung zu erbringen.

3.3   Geld in der Literatur

Ich habe Ihnen diese Überlegungen zum Thema "Wert" dargestellt, weil ich sie in der volkswirtschaftlichen Literatur *nicht* derart gefunden habe. Ja es scheint sogar einhellige Meinung unter Ökonomen zu sein, dass der Wert des Geldes überhaupt nicht so richtig zu greifen sei. Woll z.B. schreibt: "Geld ist – wie auch der Nichtökonom aus täglicher Erfahrung weiß - offenkundig sehr wichtig, in seinen Funktionen und Wirkungen jedoch schwer zu durchschauen."[14] "Durch die Gelddefinition wird festgelegt, welche Dinge die beschriebenen Funktionen ausüben."[15] Woll fährt dann fort mit Überlegungen zum Geld-*Stoff*, also dem *Material*, aus dem das Geld gefertigt wird (Muscheln, Metall, Papier,

---
[14]   Woll 1984: 455.
[15]   Woll 1984: 458.

etc.). Dann widmet er sich der Frage der Geld-*Menge*, als der Menge, in welcher diese Dinge hergestellt werden sollten. Dies sind aber Fragen, die sich eher der *technischen Ausführung* widmen als der Frage, was Geld eigentlich *ist*. Woll schreibt auch "In der Vergangenheit hat man viel Mühe darauf verwendet", nach dem 'Wesen' des Geldes zu suchen. Nicht selten standen am Beginn der Überlegungen mehr oder weniger ausführliche Gelddefinitionen. Heute wird demgegenüber in der Regel zunächst allgemein nach der *Funktion des Geldes* gefragt und dann konkretisiert, welche Gegenstände Geldfunktion wahrnehmen."[16] Schließlich schreibt Woll, in der modernen Geldfunktionslehre herrsche Einheitlichkeit: "Von Geld wird gesprochen, wenn eine Sache Recheneinheit, Tauschmedium und Wertaufbewahrungsmittel ist."[17]
Wann und *warum* "eine Sache" "Recheneinheit, Tauschmedium und Wertaufbewahrungsmittel ist", habe ich aber bislang bedauerlicherweise in keiner Quelle gefunden.

3.4 Meine Definition von Geld: eine Menge von Einheiten - abstrakter Einheiten -, die ein Nullsummenspiel ermöglichen

Durch Simulation mit Modellen, die eine überschaubare Anzahl von Menschen enthalten, lässt sich zeigen, dass man bei der Definition von Geld *nicht* ausweichen muss bzw. sich *nicht* beschränken muss auf eine bloße Definition der *Funktionen*, sondern dass das Phänomen "Geld" selbst definierbar ist – und zwar so, dass sich aus *dieser* Definition eindeutig ableiten lässt, *welche* Funktionen dieses Phänomen aufweist *und weshalb* es diese Funktionen aufweist - und unter welchen Bedingungen.

Zunächst einmal muss also nach meiner Ansicht definiert werden, was unter dem Begriff des Geldes überhaupt zu verstehen ist. Ich verstehe unter Geld

- **eine Menge von Einheiten**[18]
- **die wir (bzw. die Zentralbanken) derart "konstruieren" / "organisieren"**[19]
- **und die beliebig klein gestückelt werden kann.**[20]

---

[16] Woll 1984: 455.
[17] Woll 1984: 455.
[18] Die sogeanannte Geldmenge.
[19] Dies ist bei der Geldpolitik unserer Zentralbank(en) oft *nicht* konsequent der Fall. Siehe die sogenannte *Geldpolitik*. Und ich bin mir noch nicht sicher, ob ich dies *gut* finden soll.
[20] Im Euroraum besteht die Geldmenge derzeit ca. 5 Billionen Euro (für die Ökonomen unter Ihnen: M1), *gestückelt* werden kann dieser ungeheure Betrag aber beliebig klein, sichtbar z.B. in den Cent-Stücken, auf dem Papier sogar *beliebig* klein, also z.B. 0,001 Cent.

Beispielsweise kann sich eine Gesellschaft, die Geld verwenden will, ein System von 1,0 Milliarden Einheiten schaffen. In der Realität wird dies getan, indem eine entsprechende Menge von Scheinen und Münzen hergestellt wird, auf denen jeweils eine bestimmte Zahl aufgedruckt wird, und zwar in der Weise, dass sich die Beträge der Gesamtheit der aufgedruckten Zahlen zu 1,0 Milliarden summieren. Die aufgedruckten Beträge (Stückelung) werden dabei so gewählt, dass es in der alltäglichen Praxis als geeignet erscheint (also z.B. wird als größter Betrag 500 Euro gewählt, als kleinster 0,01 Euro). Hinzu kommt, dass die Zentralbank Geschäftsbanken Geld in Form von Sichtguthaben als Giralgeld "gutschreiben" können. Hierbei handelt es sich dann ebenfalls um Geld, also Bestandteil der Geldmenge, aber es sind "Einheiten", welche nicht in Form greifbarer Scheine oder Münzen "verbrieft" sind sondern eben nur in Form von Zahlen auf Konten und Kontoauszügen existieren.

Diese Geldmenge wird nun, z.B. im Rahmen einer Währungsreform, jedem Menschen bzw. Haushalt zu gleichen Teilen zugeteilt, so dass also jeder Haushalt eine gleich große Teilmenge der Gesamtgeldmenge erhält und damit besitzt. Diesem so angelegten System kommt folgende Eigenschaft zu: gibt ein Mensch A (Modell-Person A) 1 Geldeinheit (€) einem anderen (B), so besitzt A logischerweise zwingend eine Geldeinheit weniger und B eine mehr. In einem 2-Personen-Weltwirtschaftsmodell mit den Personen A und B und einer Geldmenge von M = 2 Euro wird die Konsequenz deutlich: A hat zu Beginn 1 Euro, genau so wie B auch.

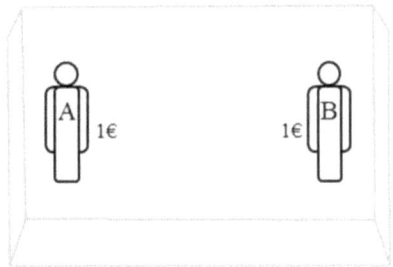

Lässt A nun B für sich arbeiten (sich einen Nutzen stiften) und gibt ihm dafür den einen Euro, ...

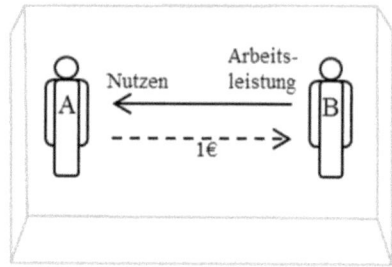

... so besitzt er, A, *keinen* Euro mehr, B hingegen *beide* - und damit besitzt er sogar die *gesamte* Geldmenge.

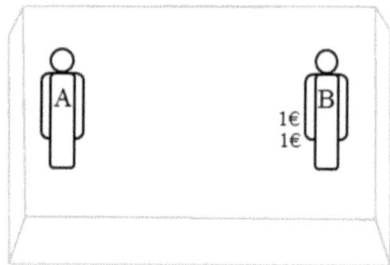

Dies wird sich im Modell noch als sehr aufschlussreich erweisen, während es in der Realität hingegen natürlich nie vorkommt. Doch genau an dieser Konstellation, die es nur im Modell gibt, lassen sich zentrale Erkenntnisse ableiten.

Nahezu jeder Mensch A ist nur dann bereit, einem anderen Menschen B eine Geldeinheit dann zu übergeben, wenn dieser B

- dem A entweder einen Nutzen stiftet, sprich: ein Bedürfnis stillt (Kauf zu Konsumzwecken) oder
- ein Schuldanerkenntnis gibt (aus der Sicht des Gebenden A: Geldanlage, aus der Sicht des Nehmenden B: Leihe, Darlehen, Kredit) oder
- Zahlung eines Gehaltes durch A (in diesem Falle ein Unternehmer) an B (in diesem Falle ein Mitarbeiter), wofür B an der Herstellung eines *Produktes* (oder einer Dienstleistung) mitwirkt

Wenn wir diesem Verständnis von Geld, dieser Definition von Geld folgen, lassen sich sehr viele ökonomische Phänomene und Probleme deutlich besser verstehen als mit der heute üblichen Definition von Geld.

3.5 Voraussetzungen dafür, dass ein Gut als Geld dienen kann, bzw. dass ein Gut die Funktionen von Geld erfüllen kann

Bis hierher habe ich den *normalen* Verlauf von Tauschprozessen unter Verwendung von Geld beschrieben. Dies um aufzuzeigen, wie es dem Tauschpartner A (den Erstleister) als Dokumentationsmittel und auch als Mittel zur Ausübung von Zwang hilft, vom Tauschpartner B die Gegenleistung einzufordern. *Jetzt* halte ich es für sinnvoll, darzustellen, wann auch eine konstant gehaltene Menge von Einheiten[21] die Funktion als Zwangsmittel *nicht* erfüllen kann. Und dies wäre dann möglicherweise auch die Basis für die Kritik an der "Wertaufbewahrungsfunktion", wie sie in der Literatur beschrieben wird, denn einen *Wert* stellen Geldeinheiten bzw. eine "Geldteilmenge" für ihren Besitzer ja *nur* dann dar, wenn die Zwangsmittelfunktion besteht.

Anhand der Simulation am 2-Personen-Weltwirtschaftsmodell glaube ich zeigen zu können, dass eine konstant gehaltene Menge von (Geld-) Einheiten (Geldmenge) dem Tauschpartner A (Erstleister) *nicht voraussetzungslos* die Möglichkeit gibt, von seinem Tauschpartner die Gegenleistung zu erzwingen. Vielmehr müssen dazu bestimmte *Voraussetzung* vorliegen.

1. Arbeitsfähigkeit und Arbeitswilligkeit:

Der Tauschpartner B muss an dem Tag x, an dem Tauschpartner A, der Erstleister, die Gegenleistung wünscht,

a) leben und
b) arbeitsfähig sein.

Lebt er nicht mehr oder ist er nicht arbeitsfähig, so kann der Erstleister A logischerweise nicht mehr in den Genuss der Gegenleistung kommen. Diese Feststellung ist banal, ist jedoch z.B. von Bedeutung in Zusammenhang mit der heute verbreiteten Sichtweise, *Senioren* seien ein *Zukunftsmarkt*.

---

[21] Eine konstant gehaltene Menge von Einheiten ist meiner Überzeugung nach das *zentrale Wesensmerkmal* des Geldes. Siehe dazu 3.4.

Folgende Simulation dazu: wir verwenden ein 2-Personen-Modell mit einer Geldmenge von M = 2 Geldeinheiten, wie wir es von den bisherigen Darstellungen kennen. Nun nehmen wir aber an, dass B ein Senior im Ruhestand ist.

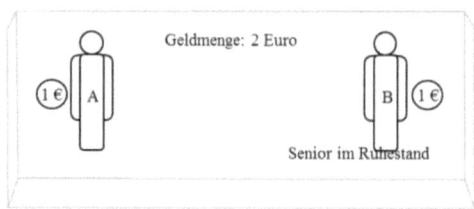

Am Tag 1 stellt A für B 1 Brot her.

Tag 1

Transaktion
10:00 Uhr

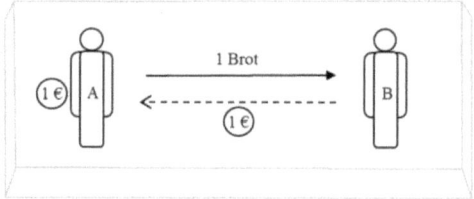

Damit konnte nun B seinen Hunger stillen, und beide Geldeinheiten befinden sich bei A.

Nun nehmen wir an, dass A Rentenbeiträge bezahlen muss. Dies ist in der Realität natürlich staatlich organisiert. Ich möchte allerdings in diesem Modell darauf verzichten, den Staat gesondert darzustellen, damit das Modell nicht größer/komplexer als unbedingt notwendig wird. Ich stelle daher ausschließlich die Tatsache dar, dass A 1 Euro als Rentenbeitrag bezahlt, und zwar (über den Staat) an B, der diesen 1 Euro als Rente empfängt.

Damit befindet sich diese 1 Geldeinheit also wieder bei B, und die Geldmenge ist wieder gleich verteilt wie zu Beginn.

Damit besitzt nun der Senior B am Tag 2 *erneut* die Möglichkeit, sich von A 1 Brot herstellen zu lassen.

Tag 2

Transaktion
10:00 Uhr

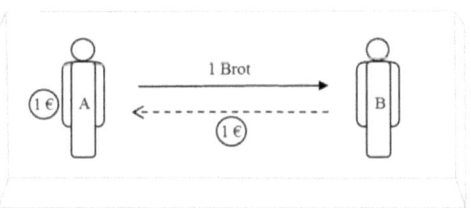

Und auch am Ende des Tages 2 würde A wieder seinen Rentenbeitrag bezahlen müssen, so dass sich dieser Kreislauf fortsetzen würde.

Das Ergebnis am Ende ist also, dass A ständig nur für B arbeitet und dafür keine Gegenleistung erhält. Das Geld, welches er von B dafür erhält, hat für ihn also keinerlei Wert.

Um jedes Missverständnis zu vermeiden: natürlich ist es *notwendig* und *wünschenswert*, dass die erwerbsfähigen Menschen einer Gesellschaft die Senioren *versorgen*. Nur bin ich der Meinung, dass wir uns bewusst machen sollten, dass es sich eben um *Versorgungsprozesse* handelt und Senioren *kein Markt* sind.

2. Arbeitsplatz:

Der Tauschpartner muss an dem Tag, an dem der Erstleister die Gegenleistung wünscht, einen *Arbeitsplatz* haben (oder erfolgreich *selbständig* tätig sein). Im Modell zeige ich zwei Personen, die, auf die Realität übertragen, "selbständig" sind. Es gibt keine Unternehmen, sondern es leben nur diese beiden Individuen auf der Modellwelt. Die Realität hingegen ist durch die Tatsache geprägt, dass die meisten Menschen auf "Arbeitsplätze" angewiesen sind. Oder, exakter formuliert: für die Teilnahme an Tauschprozessen auf Unternehmer angewiesen sind, die sie an der arbeitsteilig-kooperativen Herstellung von Produkten mitarbeiten lassen und sie dadurch in Tauschprozesse integrieren.[22] Im 2-Personen-Weltwirtschaftsmodell reicht es also, wenn B am Leben ist und darüber hinaus sowohl arbeits-*fähig* als auch arbeits-*willig* ist. In der Realität muss B darüber hinaus einen *Arbeitsplatz* haben (oder selbständig sein), weil er ansonsten *trotz* Arbeitsfähigkeit und Arbeitswilligkeit *keine* Möglichkeit hat, A durch seine Arbeit die Gegenleistung zu erbringen, den "Gegennutzen" zu stiften.

3. Erneutes Verlangen:

Der Tauschpartner B muss später, nach der erfolgten Erstleistung, *erneut* ein Verlangen nach der Leistung des A haben, und er muss sich bereits an dem Tag, an dem der Erstleister die Gegenleistung wünscht, *bewusst* darüber sein. Ist dies nicht der Fall, wird er *keine* Motivation verspüren, für A zu arbeiten. Hierbei "hilft" ihm in der Realität sein Egoismus und die Anonymität der modernen Gesellschaft, keine Skrupel zu verspüren. (Nur wenn er in einer archaischen Dorfgemeinschaft leben würde, würde er sich dazu verpflichtet fühlen, A eine Gegenleistung zu erbringen, auch wenn er wüsste, dass er kein erneutes Verlangen spüren wird. Dies würde ihm der Anstand und die Ehre gebieten.)

---

[22] Siehe 0.

Einen *Wert* besitzt eine Geldeinheit, die A besitzt, für ihn also nur dann, wenn die vorgenannten Voraussetzungen erfüllt sind. Eine *Wertaufbewahrungsfunktion* kommt diesem Geldbesitz des A folglich nur dann zu, wenn diese Voraussetzungen so lange bestehen bleiben, bis A die Gegenleistung einfordert. In dem Augenblick, in dem eine dieser Voraussetzungen *untergeht*, verliert der Geldbesitz seinen Wert und damit das Phänomen "Geld" auch seine Werterhaltungsfunktion.

In diesem Zusammenhang ist auch zu erkennen, dass nicht etwa Geld, also etwa die einzelne Geldeinheit, (als solches) einen Wert besitzt (dies ist nämlich *nicht* der Fall), sondern lediglich der *Besitz* einer Geldteilmenge. Besonders deutlich wird dies eben im Fall dieser Simulation, in dem die "Geldteilmenge", die A nach erfolgter Erstleistung besitzt, gleich der *gesamten* Geldmenge ist und B über *keinerlei* Geldeinheiten mehr verfügt. Die Wirkung haben wir gesehen, und dies ist die Wirkung, die dem Geld die Werterhaltungsfunktion gibt (wenn auch nur im Normalfall). In der Realität gibt es genau diese Konstellation *nicht*. Es ist kaum vorstellbar, dass sich die gesamte Geldmenge, die eine Gesellschaft verwendet, in einem bestimmten Augenblick vollständig im Besitz nur eines einzigen Menschen befindet. Das bedeutet umgekehrt, dass in der Realität zumindest *fast*[23] *jeder* Mensch zu *jedem* Zeitpunkt einen bestimmten Teil der gesamten Geldmenge besitzt. *Dadurch* wird der Effekt, der in der Simulation sichtbar geworden ist, in der Realität so gut wie nie so erkennbar, dass er wahrgenommen würde.

In der Realität läuft das gesamte System der Tauschprozesse, einschließlich der dabei ausgelösten Geldbewegungen, derzeit so reibungslos, dass es den *Anschein* erweckt, jede Geldeinheit *besäße* schon *für sich* genommen einen Wert. Wenn wir zum Bäcker gehen und dort eine Euro-Münze auf den Tresen legen und um ein Brötchen bitten, können wir durchaus davon ausgehen, dass der Bäcker uns ohne jedes Zögern ein Brötchen dafür gibt. Befänden wir uns im Modell, dann würde er es deswegen tun, weil er genau weiß, dass er diese Euro-Münze im nächsten Augenblick wieder uns selbst vorlegen könnte mit der Bitte um die Gegenleistung. In der Realität gibt er uns das Brötchen, weil er genau weiß,[24] dass er sich dafür wiederum selbst etwas kaufen kann, wenn er dies auch in aller Regel bei einem *anderen* Menschen tut, nicht bei uns selbst. Et cetera, et cetera.

---

[23] Diese Problematik behandle ich u.a. im Zusammenhang mit dem Thema Arbeitslosigkeit in 4.1.3.
[24] Zeiten eines "normalen" Wirtschaftslebens vorausgesetzt.

3.5.1 *Ausschließlich* arbeitsteilige Tauschwirtschaft

In diesem Zusammenhang bedarf die Tatsache einer besonderen Berücksichtigung, dass wir uns mittlerweile *ausschließlich arbeitsteilig und tauschwirtschaftlich* organisiert haben. Ausschließlich arbeitsteilig tauschwirtschaftlich bedeutet, dass wir bei nahezu *allem*, was wir tagtäglich machen, auf die Arbeit von *Anderen* angewiesen sind. Niemand mehr ist in der Lage, sich ausschließlich durch eigene Leistung selbst zu versorgen. Bei Produkten wie *Autos* wird Ihnen dies sofort einleuchten, denn wer kann schon ein Auto selbst (alleine!) bauen. Aber auch bei scheinbar einfachsten Produkten, die wir zum Stillen unserer Existenzialbedürfnisse benötigen, gilt dies. Zum Löschen unseres Durstes z.B. trinken wir Getränke, die nur noch arbeitsteilig hergestellt werden können, nicht mehr von einem Menschen alleine. Zumal sich viele Menschen gar nicht mit der Herstellung von Getränken beschäftigen. Wenn wir uns (Fertig-)Erfrischungsgetränke ansehen, ist dies ebenfalls noch unmittelbar nachzuvollziehen. Niemand kann ein solches selbst herstellen. Aber – tragischerweise – ist dies auch schon beim *Wasser* der Fall! Das Leitungswasser ist eben nicht nur Flusswasser, sondern es ist überaus hochwertig aufbereitet und kontrolliert und wird uns überdies in die Wohnung geliefert durch Vorratsbehälter, Pumpen und Leitungen, deren Herstellung und Bau von der Rohstoffgewinnung bis zum Endprodukt die Mitwirkung unzähliger Menschen erfordert. Kaum jemand von uns ist in der Lage, für den *täglichen* Bedarf Flusswasser direkt aus dem Fluss zu trinken oder es z.B. mit einem selbst aus Holz gefertigten Gefäß zu schöpfen. Das mag natürlich *temporär* möglich sein, z.B. im Rahmen von *Abenteuerurlauben*. Im *täglichen* Leben und für *alle* Menschen ist das heute *nicht* mehr möglich. Analoges gilt für nahezu alle weiteren Existenzialgüter. Nur die wenigsten Menschen können heute ohne Mitwirkung eines Anderen Tiere zum Verzehr halten und erlegen, kein Mensch kann sich ohne die Mitwirkung anderer Kleidung selbst herstellen,[25] ein Haus bauen (und sei es nur als Schutz vor Umwelteinflüssen wie Wind und Wetter) etc. Diese Beispiele könnte ich über *sämtliche* Bereiche des Lebens eines jeden Menschen fortführen.

Dass die Herstellung aller unserer Güter nicht mehr ohne die Mitwirkung anderer möglich ist hat folgende Ursachen:

- Die Komplexität unserer Bedürfnisse:

    Bzw. exakter: in der Tatsache, dass wir zum Stillen unserer Bedürfnisse heute nur noch komplexe Produkte (bzw. Dienstleistungen) ak-

---

[25] Wohlgemerkt: es geht hier nicht nur um das Nähen, sondern um die Herstellung vom Anbau der Rohstoffe über deren Veredelung bis hin zum fertigen Kleidungsstück.

zeptieren, wobei ich mit "komplex" meine, dass es sich um Produkte / Dienstleistungen handelt, zu deren Herstellung bzw. Erbringung ein *einzelner* Mensch *nicht* in der Lage ist sondern eine *Vielzahl* von Mitwirkenden notwendig ist

- Die Verteilung der Verfügungsrechte an der nutzbaren Erdoberfläche bzw. die Parzellierung der nutzbaren Erdoberfläche:[26]

Jeder Quadratmeter des nutzbaren Teils der Erdoberfläche *gehört* jemandem. Entweder einem einzelnen Menschen oder einer "Vergesellschaftung" von Menschen, also Staaten, Unternehmen, Organisationen, Vereinen etc.. Das bedeutet, dass jeder Mensch, der sich an einer beliebigen Stelle der Erdoberfläche dauerhaft aufhalten möchte, hierfür jemanden um *Erlaubnis* fragen muss. Und sich *ohne* eine solche Erlaubnis dort *nicht* dauerhaft aufhalten darf.

- Psychologische und sozialpsychologische Ursachen.

Die *Verteilung der Verfügungsrechte an der Erdoberfläche* bzw. die *Parzellierung* der Erdoberfläche führt dazu, dass die meisten Menschen noch nicht einmal die Möglichkeit (das Recht) haben, sich auf einem Stück Grundes aufzuhalten, auf welchem sie Tiere zur selbstständigen Schlachtung halten könnten (viele von uns leben z.B. in Geschosswohnungsbauten). Eine der *psychologischen* Ursachen besteht darin, dass wir alle bereits von Geburt an an eine Welt gewöhnt werden, in der unsere Bedürfnisse ausschließlich mit hochkomplexen, nur arbeitsteilig herzustellenden Produkten befriedigt werden (zum Bewusstsein: z.B. selbst "einfache", "billige" Plastikflaschen sind hochkomplexe Produkte!). Dies führt dazu, dass wir für die Befriedigung unserer Bedürfnisse gar nichts anderes mehr akzeptieren würden. Wer nicht in einer beheizbaren Wohnung wohnen, Lebensmittel aus dem Supermarkt und Kleidung aus einem Modehaus erwerben kann, würde eher verzweifeln als zu versuchen, in der freien Wildbahn durch Selbstversorgung zu überleben (was übrigens wiederum aufgrund der Parzellierung der Erdoberfläche gar nicht möglich ist – es wäre ihm nicht erlaubt, und er würde schon nach kurzer Zeit durch Behörden daran gehindert werden). Der *sozialpsychologische* Aspekt hängt eng mit dem (individual-) psychologischen zusammen. Die Tatsache, dass wir (von Geburt an) nur *komplexe* Produkte nutzen, führt – bekanntlich – auch dazu, dass wir uns mit Anderen vergleichen. Selbst *wenn* ein Mensch *für sich genommen* durchaus bereit wäre, mangels Arbeitsplatz in der freien Wildbahn zu leben, er würde

---

[26] Zum Phänomen der Parzellierung der Erdoberfläche siehe die Ausführungen zum Eigentum an Grundstücken (und unterirdischen Rohstofflagerstätten) in 2.2.

von den meisten anderen Menschen gemieden werden, weil diese mit "so jemandem" nichts zu tun haben wollen. Mit dieser Schmach würde aber kaum jemand leben wollen. Das Gegenteil ist der Fall: viele Menschen *wetteifern* mit ihren Zeitgenossen darum, sich möglichst *viele* und möglichst *gute* Produkte leisten zu können, finden es peinlich, wenn sie sich nicht mindestens das selbe Auto leisten können wie der Nachbar. Es geht also nicht einmal nur darum, wie man *überlebt*, sondern häufig darum, wie *gut* man lebt.

Also: Notwendigkeit von Tauschprozessen aufgrund dieser Faktoren

Alle die hier angesprochenen Faktoren führen also dazu, dass kein Mensch leben kann, ohne Tauschprozesse mit seinen Mitmenschen einzugehen. Dabei lässt es sich zeigen, dass diese Tauschprozesse *täglich*, ja im Grunde *ständig* stattfinden. Jeder Mensch nimmt in fast *jedem Augenblick* seines Lebens die Arbeit eines Mitmenschen in Anspruch (freilich ohne sich dessen bewusst zu sein), und jeder Mensch arbeitet während jedem Augenblick seiner Erwerbstätigkeit für einen anderen Menschen.

Diese Tatsache ist entscheidend dafür, dass die Menschen den Eindruck haben, Geld hätte *an sich* einen Wert. Denn die Tatsache, *dass jeder* Mensch täglich nutzenstiftend arbeiten muss (Erwerbsarbeit), um im Wege des Tausches seine eigenen täglichen Bedürfnisse befriedigen zu können, führt auch dazu, dass jeder Mensch, der eine Geldteilmenge erhält, *sicher* sein kann, dass seine Zeitgenossen – gegen Hingabe dieser Geldteilmenge – bereit sein werden, seine Bedürfnisse zu befriedigen. Bei dem System der ausschließlich arbeitsteiligen Produktion mit anschließendem Tausch handelt es sich also um ein System von Handlungen der Menschen, die bei dem einzelnen Menschen den Eindruck erzeugen, jede einzelne Geldeinheit hätte einen Wert.

3.5.2   Eine konstant gehaltene Menge von (Geld-) Einheiten im Rahmen von Tausch-*Ketten*

Bereits im Modell der 2-Personen-Weltwirtschaft dürfte deutlich geworden sein, wie die Verwendung einer konstant gehaltenen Menge von (Geld-) Einheiten es dem Erstleister A ermöglicht, von seinem Tauschpartner B die Gegenleistung zu erzwingen, gerade auch wenn dieser nicht von sich aus, ohne "Druck", bereit ist, diese zu erbringen. Um der Realität ein wenig näher zu kommen, stelle ich nun das Konzept der Tausch-*Kette* vor.

Zur Anschauung soll ein 6-Personen-Weltwirtschaftsmodell dienen mit einer Geldmenge von 6 Geldeinheiten, vereinfachungshalber als "Euros" bezeichnet.

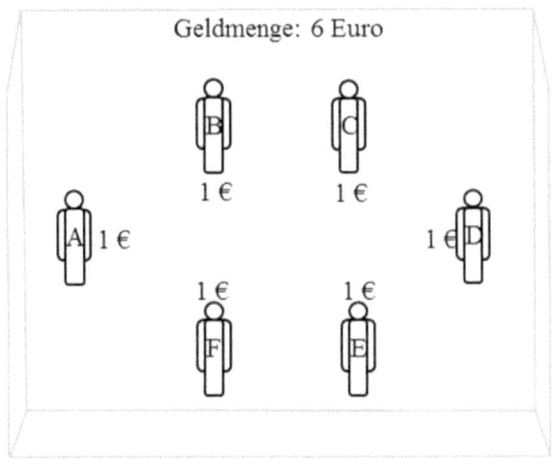

Ich betrachte einen beliebigen Tag x. A stiftet an diesem Tag (durch seine Arbeit) B einen Nutzen. Dieser gibt ihm dafür den 1 Euro, den er in diesem Augenblick besitzt. B stiftet zeitgleich C einen Nutzen, dieser gibt ihm wiederum seinen 1 Euro. Diese Handlungen setzen sich fort, bis letzten Endes F wiederum A einen Nutzen stiftet und von diesem dessen Euro erhält.

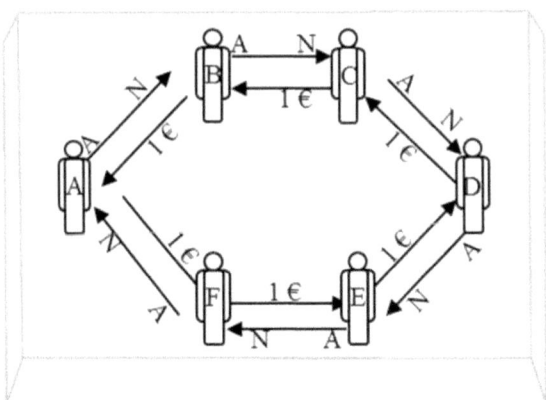

Damit hat nun jeder einem anderen einen Nutzen gestiftet und selbst von einem anderen einen Nutzen gestiftet bekommen, und jeder besitzt wieder 1 Euro.

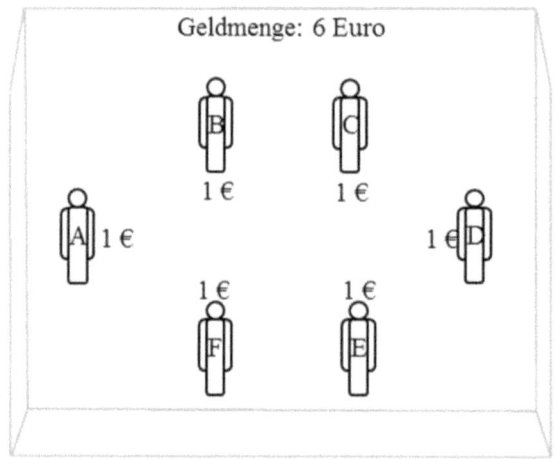

Die größere Realitätsnähe dieses Modells besteht darin, dass A, der B einen Nutzen stiftet, nicht von B die Gegenleistung erhält (wie es ja auch in der Realität nur höchst selten der Fall ist), sondern von einem anderen, F, und dass auch B und F nicht etwa direkt miteinander in einem Tauschprozess stehen, sondern ihrerseits nur indirekt über C, D und E.

A arbeitet, um Geld zu verdienen. Konkret: er arbeitet für B, um von diesem dessen Geld zu bekommen. Das Geld ist für ihn etwas wert, weil er weiß, dass am selben Tag auch F arbeiten muss, konkret für ihn, A, um seinerseits sein Geld zu bekommen. Also: Jede dieser 6 Personen weiß, dass sie Geld braucht, um die Leistung eines Zeitgenossen zu erhalten, und weiß deswegen auch, dass dieser arbeiten muss. Dieses Wissen um die Tatsache, dass jeder arbeiten muss, macht aus der Sicht jedes einzelnen "den Wert des Geldes" aus. Obwohl, wie gesagt, das Geld selbst gar keinen Wert besitzt. Wert besitzt lediglich das gesamte (Tausch-) System, das sich dadurch auszeichnet, dass *jeder* von der Arbeit des anderen *abhängig* ist, daher also jeder arbeitet, weil er muss, dadurch aber auch jeder sicher sein kann, durch die Arbeit des anderen konsumieren zu können, "etwas für sein Geld zu erhalten".

Gleichzeitig erscheint die Verwendung einer konstant gehaltenen Menge von (Geld-) Einheiten als Hilfsmittel um so wichtiger. Denn B wünscht die Arbeit des A (A→B), aber A nicht die Arbeit des B (A←B nicht), dafür aber die Arbeit des F (A←F). In einem solch komplexen System scheint die Verwendung von "Geld" hilfreich als Instrument zur jederzeitigen Visualisierung der Arbeits-Nutzen-Bilanz eines jeden Menschen. Mit diesem Instrument kann jeder

Mensch, jede Person X erkennen, ob er für einen Zeitgenossen Y, der gerade mit einem Bedürfnis an ihn herantritt, arbeiten will oder nicht. Besitzt Y Geld (exakter: einen Teil der Geldmenge), dann ist dies ein Zeichen dafür, dass einem anderen Menschen Z dieses Geld fehlt, so dass, über den Transmissionsmechanismus der Tauschkette, es letzten Endes (irgend) einen anderen Menschen M geben wird, der sich Geld verdienen muss und daher bereit sein wird, für X zu arbeiten. Diese Erwartung macht für X den *Wert* der ihm angebotenen Geldteilmenge aus, der ihn dazu motivieren wird, für Y zu arbeiten.

4 Ausgewählte Aspekte und Probleme

Ich habe in den obigen Kapiteln beschrieben, weshalb ich die Wirtschaft als ein System von *Tauschprozessen* verstehe, auch wenn diese nicht mehr als solche zu erkennen sind, weil das System spätestens in unserer heutigen Zeit *unüberschaubar komplex* geworden ist. In den nun folgenden Ausführungen möchte ich zeigen, wie verschiedene ausgewählte Phänomene im Lichte von Tauschprozessen aussehen, die im Zusammenhang mit dem Thema Wirtschaft zentral sind. Dazu gehören unter anderem das Phänomen Unternehmen als elementarer Bestandteil einer jeden Industriegesellschaft, aber auch das Phänomen Automatisierung, also *Maschinen* und *Anlagen*, aber auch staatliche Aktivitäten (die ihren Niederschlag in Staatseinnahmen (Steuern) und Staatsausgaben finden), einschließlich des Themas der *schuldenfinanzierten* Staatsausgaben, des weiteren das Phänomen des *Sparens*, welches unter dem Blickwinkel von Tauschprozessen ganz andere Eigenschaften besitzt, als wir es im Alltag im allgemeinen wahrnehmen, sowie die *Versorgung der Senioren*. Auch den *internationalen Handel* werde ich betrachten sowie *Konjunktur und Wirtschaftskrisen* und das Phänomen des *Wettbewerbs*. Sämtliche dieser hier genannten Themen haben ein ganz anderes Aussehen, als wir es im Alltag wahrnehmen, wenn man sie im Kontext von Tauschprozessen betrachtet.

4.1 Unternehmen

4.1.1 Darstellung von Unternehmen im Rahmen von Modellen mit Tauschprozessen

Sie werden sich möglicherweise fragen, weshalb ich das Phänomen "Unternehmen" untersuche, wo es doch eigentlich *jedem vollkommen klar* ist, was Unternehmen sind (oder sollte ich besser sagen: *zu sein scheinen*?). Ich möchte Sie gerne einmal zu folgendem Gedankenexperimenten einladen. Möglicherweise werden Sie am Ende dieses Abschnitts sagen: "Tatsächlich! Aus diesem Blickwinkel habe ich Unternehmen noch nie gesehen.".

In einer Modell-Welt mit einer bewusst überschaubar gehaltenen Modell-Welt-Bevölkerung von 10 Personen *könnten* sich alle dergestalt organisieren, dass *jeweils zwei Arbeitsteilung* (und damit auch *Spezialisierung*) mit anschließendem Tausch vereinbaren, und sich jeweils mit Produkten beliefern, die *sehr einfach* herzustellen sind und dadurch von einer einzigen Person produziert werden können. Beispiel: (einfache) Getränke und (ebenso einfache) Speisen.

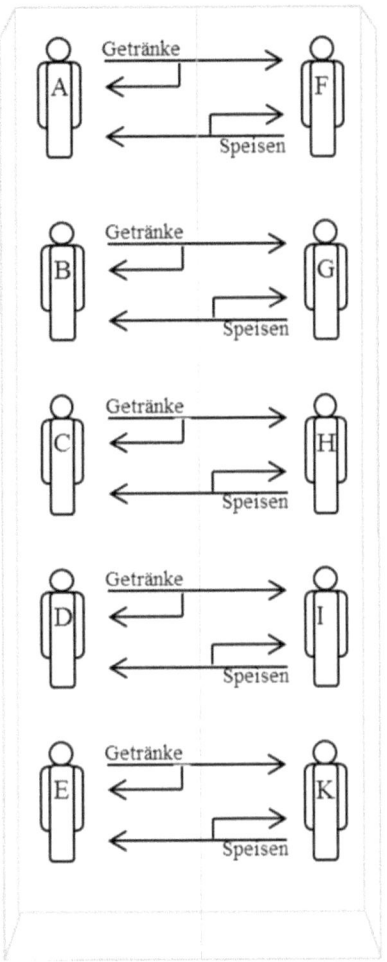

In einer solchen Gesellschaft gibt es dann zwar *Tauschprozesse*, aber weder "Unternehme*r*" noch "Unternehmen" noch "Mitarbeiter". Man könnte auch sagen: *jeder* ist ein Unternehmer. Allerdings ohne Mitarbeiter. Ein "Einzelunternehmer".

Dass das Phänomen "*Unternehmen*" entsteht liegt *daran*, dass sich die einzelnen Menschen *nicht* mehr mit solch *einfachen* Produkten zufrieden geben. Mit solch einfachen Produkten, die von *einem einzelnen* Menschen hergestellt werden können. Sie wünschen *höherwertige* Produkte, die damit auch gleichzeitig *komplexer, aufwändiger* sind. Produkte, die dadurch gekennzeichnet sind, dass zu ihrer Herstellung die Mitarbeit *mehrerer* Menschen notwendig ist.

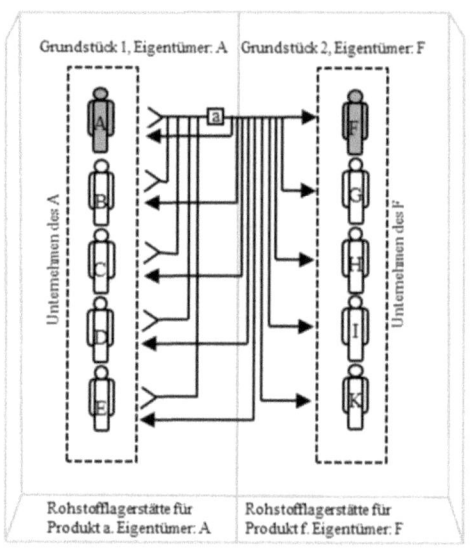

 Grau markierte Person = Unternehmer

 Nicht markierte Person = Mitarbeiter

☐ Produkt

 Nutzenstiftung durch Arbeit: Person X stiftet der Person Y einen Nutzen, und zwar durch ihre Mitarbeit an der Herstellung des Produkts.

Dieses Modell enthält zwei Unternehmen. Eines auf der linken Seite und eines auf der rechten. Die Personen A bis E bilden das Unternehmen des A, die Personen F bis K das Unternehmen des F. Die grau markierten Personen sind die Unternehmer, alle anderen die jeweiligen Mitarbeiter.

Zusätzlich habe ich hier übrigens noch zwei Aspekte eingefügt, die in der Realität meiner Wahrnehmung nach eine zentrale Rolle spielen: das Eigentum an Grundstücken und das Eigentum an Rohstofflagerstätten. Es ist aus meiner Sicht wichtig, sich einmal vor Augen zu halten, dass *jeder Quadratmeter* der Erdoberfläche *einem Eigentümer gehört*. Das kann eine einzelne Person sein oder auch eine Gesellschaft oder eine Gebietskörperschaft. Aber jedenfalls *befindet* sich *ausnahmslos jeder* Quadratmeter der Erdoberfläche *im Eigentum* entweder einer Person oder eine Gesellschaft von Personen. Man könnte auch sagen: einer natürlichen oder einer juristischen Person. Dies bedeutet gleichzeitig, dass *jeder Mensch*, der *nicht* Eigentümer eines Grundstücks ist, sich noch nicht einmal irgendwo *aufhalten* darf, ohne sich die Zustimmung eines anderen Menschen einzuholen, nämlich des Eigentümers (zumindest nicht auf Dauer). Dies führt zwangsläufig zu einem unglaublichen *Machtverhältnis* dieses Eigentümers gegenüber dem anderen. Und wenn ich mir nun vor Augen halte, dass nur vergleichsweise *wenige* Menschen Eigentümer eines Grundstücks und/oder einer Rohstofflagerstätte sind und *der ganz überwiegende* Teil der Menschen weder ein Grundstück noch eine Rohstofflagerstätte ihr Eigen nennen, dann stimmt mich das durchaus etwas bedenklich. Aber dazu an anderer Stelle mehr.

Der *Vereinfachung* halber habe ich hier dargestellt, dass die Grundstücke sowie die Rohstofflagerstätten *dem jeweiligen Unternehmer* gehören, der mit seinen Mitarbeitern darauf arbeitet. Dies ist in der Realität bei Leibe nicht immer der Fall. Viele Unternehmer betreiben ihr Unternehmen auf einem *angemieteten* Grundstück, was bedeutet, dass dieses Grundstück einem *anderen* Zeitgenossen gehört. *Dies darzustellen* würde das Modell jedoch *komplexer* machen, als ich es an dieser Stelle für sinnvoll halte.

Dieses Modell musste ich in zwei Teile aufteilen. Im ersten Teil konnte ich nur die Nutzenstiftungsprozesse der Personen, die zum Unternehmen 1 gehören, darstellen. Hätte ich gleichzeitig jene Nutzenstiftungsprozesse eingezeichnet, die von den Personen des Unternehmens 2 ausgehen, dann wäre das Modell extrem unübersichtlich geworden. Diese habe ich daher in einem Teil zwei separat dargestellt.

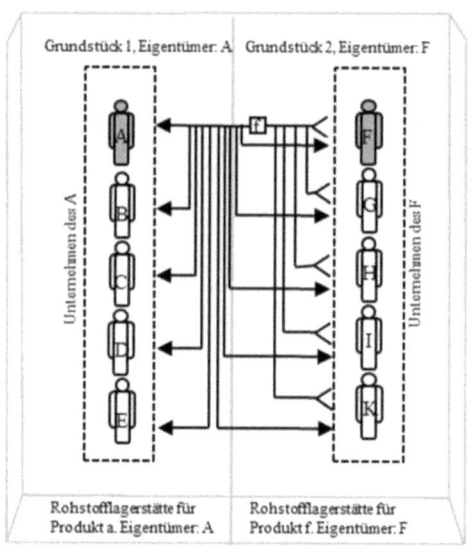

In der Realität sind bei vielen Produkten zu deren Herstellung sogar Tausende oder gar Hunderttausende von Menschen notwendig. Von der Entwicklung, der Förderung der Rohstoffe bis hin zur Herstellung des gebrauchsfertigen Produktes sowie seiner Beförderung zum Verbraucher.

Eine solche Zusammenarbeit von Menschen muss *koordiniert* werden. Diese Koordination können nur Menschen übernehmen, die *führen* können. Also Führungskräfte bzw. Unternehmer. Im Modell gebe ich A und F als Unternehmer an und markiere diese grau zur schnelleren Erkennbarkeit.

Das jeweilige *Produkt* (□) positioniere ich auf der Höhe des jeweiligen Unternehmers, um auszudrücken, dass dieses sich nach seiner Fertigstellung im Eigentum des jeweiligen Unternehmers befindet. Die Pfeile ⟶ habe ich über dieses Produkt geführt, um anzudeuten, dass die Arbeit eines jeden Unternehmensangehörigen in das Produkt *einfließt* und damit erst im Zusammenwirken mit der Arbeit der Kollegen (und dem Unternehmer), also erst *indirekt*, einem Zeitgenossen einen Nutzen stiftet (oder sogar auch sich selbst, wenn er sich selbst eines kauft).

Jetzt also haben wir es mit einer Gesellschaft bzw. Modell-Welt-Bevölkerung zu tun, in der es *Unternehmen* gibt. Und wir haben gesehen, dass Unternehmen *nicht von selbst* entstehen, *nicht einfach existieren*, sondern von einzelnen

Menschen, die unternehmerische Ambitionen und Fähigkeiten besitzen, dann aufgebaut werden, wenn sie merken, dass es Zeitgenossen gibt, die *komfortable* und damit gleichzeitig *komplexe* Produkte wünschen, die *nicht mehr* von einem einzelnen Menschen hergestellt werden können, sondern zu deren Herstellung es der Mitwirkung *mehrerer* Menschen bedarf, ja *zahlreicher*, in der Realität sogar oft *Tausender* wenn nicht gar *Hunderttausender* (man denke nur an die Herstellung solcher hochkomplexen Produkte wie PKWs oder Computer).

Übrigens: ich habe ganz bewusst das Modell *so* angelegt, dass *jeder jeden Tag* Speisen und Getränke kauft und isst bzw. trinkt. Daher verläuft ein Pfeil *von jedem zu jedem*. D.h. ich habe eine *gleichgewichtige* Situation dargestellt. Eine *zufriedenstellende* Situation, ein "Gleichgewicht", besteht *dann*, wenn alle Menschen, die zum Unternehmen A gehören, täglich so viele Getränke herstellen, wie alle zusammen am betrachteten Tag bei Unternehmer A kaufen und trinken, und wenn alle Menschen, die zum Unternehmen B gehören, täglich so viele Speisen herstellen, wie alle zusammen an diesem Tag bei Unternehmer B kaufen und essen. Eine Situation *ähnlich dieser* stelle ich mir als *wünschenswert* vor. Dies ist in der Realität bei Leibe nicht immer gegeben. Dazu aber an anderer Stelle mehr, unter anderem im Kapitel "Sparen".

Was ist der Grund dafür, dass ich herausgearbeitet habe, wie das Phänomen "Unternehmen" im Lichte von Tauschprozessen zu verstehen ist? Nun, es ist mir sehr wichtig, ein Bewusstsein dafür zu schaffen, dass nahezu *sämtliche* Produkte, die wir im täglichen Leben benutzen und/oder verbrauchen, nur deswegen existieren, weil es *Unternehmer* gibt, die deren Herstellung organisieren bzw. organisiert haben. Sämtliche Produkte, die wir nicht *selbst* hergestellt haben. *Vollkommen* selbst hergestellt haben. Und mit "vollkommen" meine ich: von der Entwicklung und Konstruktion und der Beschaffung (Förderung) der Rohstoffe bis hin zum ge- bzw. verbrauchsfertigen Produkt! Ich meine also sämtliche Produkte von dem Haus, in dem wir wohnen, über unser Auto sowie die Straßen, auf denen wir mit diesem fahren, bis hin zu unserer Kleidung und unseren Lebensmitteln, ja sogar bis hin zum Leitungswasser sowie den Kunststofftüten, mit denen wir unsere Einkäufe transportieren. Unter einem selbst hergestellten Produkt meine ich also nicht etwa das Kleid, das wir selbst entworfen und genäht haben oder das Möbelstück, das wir selbst geschreinert haben. Denn, auch wenn ich *große Achtung* vor den Fertigkeiten des Schneiderns und des Schreinerns habe: diese Arbeiten stellen nur einen *Teil* all jener Arbeiten dar, die notwendig sind auf dem Weg von der Beschaffung der Rohstoffe bis zum gebrauchsfähigen Produkt, im Falle des Kleides also etwa der Züchtung der Baumwolle, des Transports der Baumwolle vom Ort des Anbaus zu unserem Wohnort, die Aufbereitung und Färbung etc. sowie das Weben zu einem Stoff. Für die *allermeisten* dieser Produkte benötigen wir *Unternehmer*.

Denn die allermeisten dieser Produkte, die wir nutzen, sind *handwerklich nicht* herzustellen sondern bedürfen der *industriellen* Herstellung, also der Herstellung mithilfe *zahlreicher* Menschen und unter dem Einsatz von *Maschinen*. Und deren Organisation bedarf der Leitung durch einen Unternehmer. Dies soll nun keineswegs eine mehr oder weniger einseitige "Huldigung" an die Unternehmer sein - obwohl ich es durchaus für *extrem wichtig* halte, dass es Menschen gibt, die unternehmerisch tätig sind. Vielmehr möchte ich damit zum Ausdruck bringen, dass wir so gut wie *keines* dieser Produkte hätten, wenn es keine Unternehmer gäbe. Oder anders ausgedrückt: wenn es keine Zeitgenossen gäbe, die unternehmerisch aktiv wären. Was mir nun *zentral wichtig* ist dabei: damit sind wir *alle* davon *abhängig, dass* es Zeitgenossen gibt, die unternehmerisch tätig sind. D.h. die in der Lage sind zu führen und bereit dazu sind, Risiko zu übernehmen. Gäbe es diese *nicht*, so wäre es *undenkbar*, all jene Produkte zu genießen, die wir haben. Abgesehen vielleicht von dem Gemüse, welches wir in unserem eigenen Garten oder auf unserem eigenen Balkon ziehen. (Am Rande bemerkt: In dieser *Abhängigkeit*, ja *existenziellen* Abhängigkeit, sehe ich sogar einen der wesentlichen Gründe vieler sozialer Konflikte.) Ich nehme jeden Tag wahr, dass es viele Menschen gibt, die auf "die Unternehmen" wütend sind, und viele Unternehmer, die keinerlei Verständnis für "die Mitarbeiter" haben. *Beides* sehe ich *sehr kritisch*. Und ein Stück weit möchte ich mit diesen Ausführungen hier auch dazu beitragen, dass *alle* Menschen *beides sehen*: die *Abhängigkeit* eines *jeden* von uns von Unternehmern *und* die Tatsache, dass es *extrem wichtig* ist, *dass* es Zeitgenossen gibt, die unternehmerisch aktiv sind.

Eine *Wirtschaftskrise* und damit verbunden *Arbeitslosigkeit* - zwei jener drängenden Probleme, denen ich mich widmen möchte - würde in diesem Modell bspw. schon dann auftreten, wenn A und/oder B *nicht* bereit und/oder in der Lage wären, unternehmerisch tätig zu sein. Sprich: die *übrigen* Zeitgenossen zu *führen*. Denn es ist extrem unwahrscheinlich, dass es den Menschen *selbst* gelingt, ihre Arbeit zu *koordinieren*. Die Herstellung komplexer Produkte wäre damit *ohne* Führungspersönlichkeiten aus meiner Sicht *nicht* denkbar. In diesem Modell mit seiner überschaubaren Anzahl von gerade einmal 10 Personen vielleicht noch eben. In der Realität, in der an hochkomplexen Produkten wie z.B. Autos oder Fernsehern *Tausende* und teilweise *Abertausende* von Menschen mitwirken, halte ich dies schlichtweg für *undenkbar*. Wären also A und B *nicht* bereit und/oder in der Lage, Menschen zu *führen*, dann wäre es den dargestellten Menschen *nicht* möglich, diese (komplexen) Speisen und Getränke herzustellen, da dies ja nur gemeinsam und arbeitsteilig möglich ist. D.h. sie hätten keine Möglichkeit, diese Produkte zu erlangen - obwohl sie sie sich wünschen. *Nichts anderes* ist im Grunde eine *Wirtschaftskrise*. Und *nichts anderes* ist im Grunde *Arbeitslosigkeit*, als dass ein Mensch *keinen anderen*

Zeitgenossen (Unternehmer) findet, der ihm die Möglichkeit gibt, an der Herstellung "seiner" Produkte *mitzuwirken*. Dauerhaft mitzuwirken. Nichts anderes ist im Grunde das, was wir gemeinhin als "Arbeitsplatz" bezeichnen. Und das *Fehlen* solcher "Arbeitsplätze" führt eben aus der Sicht derjenigen, die einen Arbeitsplatz *benötigen*, zu *Arbeitslosigkeit*.

Ergänzungen dieses Modells durch *Geld*:

Um der Realität ein Stück weit näher zu kommen, kann dieses Modell auch mit *Geld* ausgestattet werden.

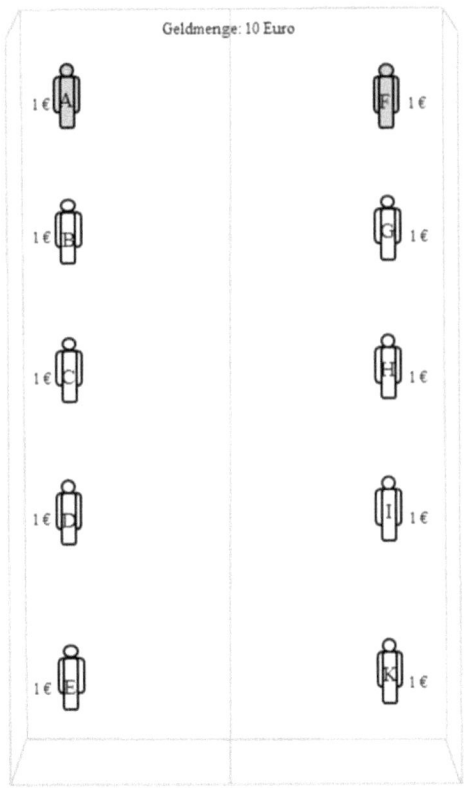

Dies zu tun halte ich sogar für *extrem wichtig* für die Realitätsnähe, weil ich mit dem *obigen* Modell Gefahr laufe, den Eindruck zu erwecken, dass ich nur auf dem Niveau einer Art *Naturalwirtschaft*, einer bloßen *Tauschwirtschaft*, argumentiere. Denn im obigen Modell fehlen ja vollkommen Aspekte bzw. Begriffe wie "Einkommen", "Gewinne", "Verluste", "Gehälter" bzw. "Löhne", "Lebenshaltungskosten", "Preise", "Umsätze", "Kosten" (z.b. Personalkosten und Materialkosten) etc. Auch sämtliche *volkswirtschaftlichen* Aspekte bzw. Begriffe fehlen, wie z.b. "Bruttosozialprodukt", "Bruttoinlandsprodukt", "Volkseinkommen", aber auch "Angebot", "Nachfrage", "Märkte" und "Geldmenge" etc.. Also schlichtweg sämtliche Begriffe, die in unserer heutigen modernen Industriegesellschaft von Bedeutung sind, in einer reinen Tauschwirtschaft (z.b. in archaischen Gesellschaften) keine Verwendung finden

Ich simuliere, dass unsere Modell-Gesellschaft, also die dargestellten 10 Personen, sich dazu entscheiden, eine Geldmenge von 10 Euro zu verwenden. Der eine oder andere von Ihnen wird sich über *diese Formulierung* möglicherweise sehr *wundern*. Denn: weshalb spreche ich davon, dass sich *die Gesellschaft* für die Verwendung einer bestimmten Geldmenge, sprich einer bestimmten Anzahl von Geldeinheiten entscheidet? Die meisten von uns nehmen heute meines Eindrucks nach die Existenz von "Geld" als *selbstverständlich* wahr. Vielleicht machen Sie sich noch Gedanken oder Sorgen über den *Wert* des Geldes, also über die Inflation. Aber sie empfinden "Geld" als ein Phänomen, das sehr *abstrakt* ist, kaum greifbar, und auf das sie jedenfalls *keinerlei Einfluss* haben. Über das bestenfalls "Politiker" bestimmen können. Dass Geld, zumindest Bargeld, aber (in Deutschland) von der Bundesdruckerei gedruckt wird und die *Menge*, die zu drucken ist, von der (in Europa: europäischen) Zentralbank festgelegt wird, deren Direktorium wiederum von der Regierung besetzt wird und die Regierung wiederum vom Bundestag und damit - wenn auch nur indirekt - von der Bevölkerung, also von uns allen, gewählt wird, darüber sind sich meiner Wahrnehmung nach nur die *wenigsten* von uns bewusst. Dies finde ich auch durchaus sehr *nachvollziehbar*, ist dieser Zusammenhang doch *extrem weitläufig* und damit *extrem weit weg* von der Alltagswirklichkeit der allermeisten von uns. *Dennoch oder gerade deswegen* halte ich es für *extrem wichtig*, dass wir uns vor Augen halten, was die Geldmenge ist und wie sie unseren Lebensalltag beeinflusst. Von der Erzielung unserer Einkommen bis hin zu unseren sämtlichen Ausgaben.

Ich simuliere also wie oben erwähnt, dass unsere Modell-Gesellschaft, also die dargestellten 10 Personen, sich dazu entscheiden, eine Geldmenge von 10 Euro zu verwenden. Ich statte daher jede Person mit einem (1) Euro aus. Dies kann man sich etwa vorstellen wie in der Realität eine *Währungsreform*. Nur dass es bei Währungsreformen schon *zuvor* eine (andere) Währung gab, während ich hier in diesem Modell eine *Erstausstattung* vornehme. Dies ist ein Vorgang, wie er in der Realität meines Wissens nach *nie* vorkommt, da sich die Verwendung von Geld *langsam und schrittweise* aus dem Tauschhandel entwickelt hat.

Dennoch glaube ich, dass die "Einführung" von Geld, wie ich es hier mache, einen großen Erkenntniswert besitzt.

Kurz und gut: jede der im Modell dargestellten Personen besitzt nun 1 Geldeinheit, 1 Euro, und Ökonomen sprechen von der Existenz eine Geldmenge von 10 Geldeinheiten bzw. 10 Euros.

In der Realität würden B, C, D und E allerdings natürlich nur und erst *dann* für A arbeiten, wenn dieser ihnen ein *Gehalt* bezahlen würde. Dies setzt voraus, dass er genügend Geldeinheiten besitzt, um sie bezahlen zu können, also *Kapital*. Im Beispiel bzw. im Modell kann er sich dies *nur dadurch* beschaffen, indem er sich die Geldeinheiten der Zeitgenossen B, C, D und E *von diesen leiht*. Dies wäre dann aus seiner Sicht *Schulden* und damit *Fremdkapital*. Aus der Sicht von B, C, D und E wären es *Guthaben*. Ich vermute, dass es Sie wundern wird, dass ich davon spreche, dass A sich das Geld von den *Zeitgenossen* leiht. Denn in der *Realität* leiht man sich Geld ja von einer *Bank*. Banken allerdings sind im Grunde nur Institutionen, die Geld *von* Menschen *annehmen* (nämlich von *Anlegern*) und dieses dann an jene Menschen, die sich eben Geld leihen möchten, *ausleihen*. Wenn wir einmal eine einzelne Geldeinheit betrachten wollen, würden wir also erkennen können, dass diese vom Sparer und Anleger X über die "Zwischenstation" Bank zum Kreditnehmer Y wandert. (Dies ist übrigens ein Zusammenhang, der meiner Wahrnehmung nach vielen Menschen *nicht* bewusst ist.) D.h., dass es eine *eigentliche* Kreditbeziehung gibt, die zwischen dem *Anleger* und dem *Kreditnehmer* besteht. Die Bank hier in diesem Modell darzustellen, würde das Modell *unnötig komplex* und damit *unübersichtlich* machen. Deswegen beschränke ich mich aus Gründen der *Klarheit* darauf, hier nur davon zu sprechen, dass der Unternehmer A sich das Geld der Zeitgenossen B, C, D und E leihen muss, wenn er ihnen anbieten möchte, gegen ein Gehalt für ihn zu arbeiten. Nichts anderes ist ein Arbeitsplatzangebot. Sobald er im Besitz dieser Geldeinheiten ist, kann er diesen Zeitgenossen anbieten, für ihn zu arbeiten, und kann ihnen für Ihre Arbeit das entsprechende Gehalt bezahlen. Nun also ist er in der Lage, sein Produkt herzustellen. B, C, D und E stellen arbeitsteilig das Produkt her, und A's Arbeit besteht darin, diesen arbeitsteiligen Herstellungsprozess zu *organisieren*, also B, C, D und E zu *führen* (und den *Verkauf* der hergestellten Produkte sicherzustellen). Analoges gilt natürlich für G, H, I und K (mit F als Unternehmer und Arbeitgeber).

Wenn die Menschen nun täglich gemeinsam ihre Produkte herstellen und der Unternehmer sie erfolgreich verkauft, ergeben sich "Geldübergabehandlungen", Zahlungen, wie folgt.

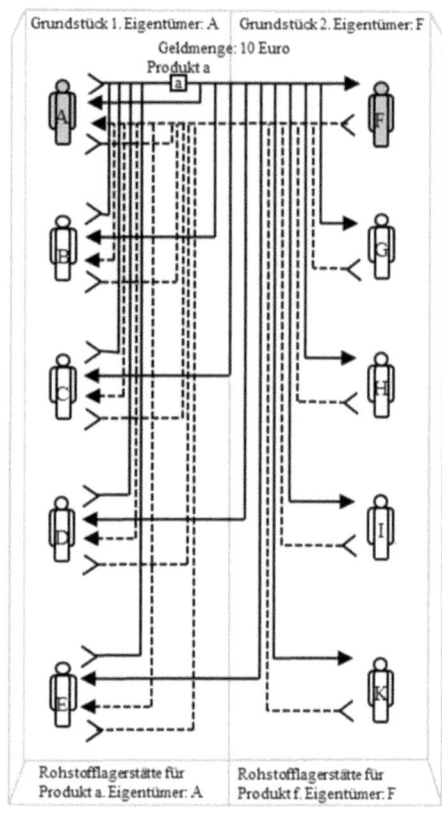

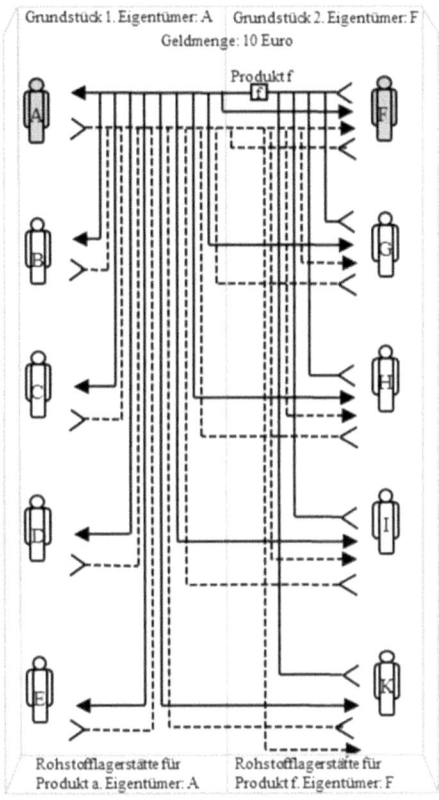

Diese Darstellung muss ich erläutern. Ich möchte dazu *einen* Zahlungsstrom *beispielhaft* herausgreifen. Betrachten wir einmal die Arbeit, die D verrichtet, mit der er also zur Entstehung des Produktes a beiträgt, welches dann von K gekauft (und konsumiert) wird. Wir schauen uns also *jenen* Vorgang an, der darin besteht, dass D dem K einen Nutzen stiftet (durchgezogener Pfeil "→" von D zu K). Dafür gibt K die Geldeinheit bzw. den Euro, den er zuvor von F, seinem Arbeitgeber, als Gehalt erhalten hatte, dem A (gestrichelter Pfeil " - -> " in Gegenrichtung) - als *Kaufpreis* für den Erwerb des Produktes a (komplexe Speise). Aus der Sicht des A handelt es sich dabei um *Umsatz*. A jedoch wird natürlich nicht die gesamte Geldeinheit, den gesamten Euro, *behalten können*, sondern natürlich einen *Teil* davon dem D geben müssen. Aus der Sicht des A stellt dies *Personalkosten* dar, aus der Sicht des D *Gehalt*, also *Einkommen*. Dies ist also eine Transaktion "Befriedigung eines Bedürfnisses des K durch D gegen Bezahlung von Geld seitens des K an D". Diese Transaktion ist gleich-

59

zeitig *eine Hälfte* eines *vollständigen Tauschprozesses* D ⇆ K. In unserer heutigen Zeit und vor allem von Ökonomen wird, wie ich meine *fälschlicherweise*, bereits diese eine Transaktion als vollständiger, abgeschlossener Tausch angesehen. Dies wird dadurch begründet, dass wir eben in einer hoch entwickelten *Geldwirtschaft* leben und nicht mehr wie früher in einer Tauschwirtschaft, in der Güter gegen Güter getauscht werden sondern eben Güter gegen Geld. *Ich sehe diese* Sichtweise sehr *kritisch*. Denn ich sehe einen Tauschprozess *erst dann* als *vollständig* bzw. *abgeschlossen* an, wenn D *seinerseits* ein Bedürfnis befriedigt bekommen hat. Von K. Dies sehen wir in der *zweiten* Grafik. Dort nämlich gibt es einen durchgezogenen Pfeil (←), der von K zu D verläuft. Dieser Teil soll zum Ausdruck bringen, dass *K dem D* ein Bedürfnis befriedigt, nämlich durch die Mitarbeit des K an der Herstellung des Produktes f. *Dafür* gibt D dem F Geld, als "Preis" für den Erwerb eines Produktes f. Dies ist nun aus der Sicht des F "Umsatz". Natürlich kann auch F nicht diesen gesamten Umsatz für sich behalten sondern muss einen Teil davon K gegeben. Dies stellt für F "Personalkosten"dar, für K "Gehalt" bzw. "Einkommen". *Jetzt* - und *erst jetzt* - ist aus meiner Sicht ein *vollständiger Tauschprozess* zustandegekommen. Denn *nun* haben sich D und K *gegenseitig* jeweils ein Bedürfnis gestillt. Damit sind wir meiner Meinung nach auch in unserer modernen Wirtschaft *nicht* so weit von dem Charakter des *Tauschprozesses entfernt*, wie es Ökonomen zu sehen scheinen. Gleichzeitig ist hier gut zu sehen, dass das *Geld* lediglich ein *Hilfsmittel* ist, um den Tausch, oder besser gesagt: das gegenseitige Stillen eines Bedürfnisses, zu *organisieren*. "Organisieren" heißt dabei vor allem: für den Erstleister *sicherzustellen*, dass er (vom *Empfänger* dieser Leistung) eine *Gegenleistung* erhält. Siehe dazu im einzelnen bitte meine Ausführungen im Kapitel "Geld". Das *wesentliche* für jeden einzelnen der beiden A und K ist nach meiner Überzeugung jedenfalls, dass er für die Arbeit, die er geleistet hat, seinerseits ein Bedürfnis befriedigt bekommt.

Diese Transaktion habe ich wie gesagt lediglich *beispielhaft* herausgegriffen, um Ihnen das *Prinzip* dieser Grafik zu erläutern. *Jeder* der eingezeichneten Pfeile steht nun für jeweils *einen* Vorgang der Bedürfnisbefriedigung bzw. Nutzenstiftung durch *diejenige* Person, von der dieser Pfeil *ausgeht*, wobei die Person, deren Bedürfnis gestillt wird, jene ist, auf die die Spitze des Pfeils zeigt. Ein jeweils *vollständiger* Tauschprozess besteht dabei immer durch einen Pfeil aus der Grafik 1 (→) als "Leistung" und einem Pfeil aus der Grafik 2 (←) als "Gegenleistung".

Dadurch ergibt sich nun leider ein unglaubliches "Gewirr" von Pfeilen, weil natürlich *von* jeder Person *zu* jeder anderen Person ein durchgezogenen Pfeil und zudem noch ein gestrichelter Pfeil verläuft. Genau dieses ist es denn auch, was die Wirtschaft oder besser gesagt das Verständnis der Wirtschaft extrem schwierig macht. Zumal in der Realität eben nicht 10 Personen leben, die in nur 2 Unternehmen organisiert sind, sondern weltweit 7 Milliarden Menschen mit Millionen von Unternehmen. Aber gerade *deswegen*, *weil* die Realität mit diesen weltweit 7 Milliarden Menschen gedanklich nicht zu erfassen ist, halte ich es für extrem hilfreich, sich mit einem solch miniaturisierten Modell zu beschäftigen, weil nur damit diese Zusammenhänge herausgearbeitet und sichtbar gemacht werden können.

Die Aufteilung der Modell-Erdoberfläche in zwei Grundstücke sowie die Angabe des jeweiligen Eigentümers sowie die Darstellung der Rohstofflagerstätten und die Angabe des jeweiligen Eigentümers habe ich *nur* eingezeichnet, damit wir den Aspekt der Eigentumsverhältnisse nicht *vergessen*, das heißt dass uns dieser zentrale Aspekt immer *im Bewusstsein* bleibt. Für die *Zahlungsströme* haben diese Eigentumsverhältnisse allerdings *keine* Bedeutung.

Ich bin aus Gründen der Übersichtlichkeit übrigens wiederum gezwungen, dieses Modell in zwei Teile aufzuteilen. Teil 1 enthält die Nutzenstiftung durch das linke Unternehmen, Teile 2 den Nutzenstiftung durch das rechte Unternehmen und damit die *Gegenleistungen*, die die Personen F bis K den Personen A bis E für deren Leistung erbringen.

Extrem wichtig ist mir bei Modellen mit Geld, dass ich stets die gesamte Geldmenge *sichtbar darstelle*, nämlich durch Nennung des Betrags der Geldmenge sowie durch Darstellung jeder einzelnen Geldeinheit. Und dass ich auch die *Zahlung*, also die Übergabehandlung einer jeden Geldeinheit erkennbar darstelle. Eine *solche* Vorgehensweise kenne ich aus keiner Quelle der traditionellen Volkswirtschaftslehre, halte sie aber für extrem wichtig für präzise Analysen.

Volkswirtschaftliche Begriffe

In solchen Modellen können übrigens auch wunderbar anschaulich volkswirtschaftliche Begriffe erläutert werden. Bspw. das "Bruttosozialprodukt". Angenommen jeden Tag produzieren A, B, C, D und E Speisen in genau jener Menge, dass es für *sämtliche* Personen reicht, ihren Hunger zu stillen, und F, G, H, I und K Getränke in genau jener Menge, dass es für sämtliche Personen reicht, und jeder bezahlt 0,50 Euro für die von ihm gekaufte Tagesmenge Speisen und 0,50 Euro für die von ihm gekaufte Tagesmenge Getränke, dann kauft jeder für 1,- Euro ein. Insgesamt wird also für 10,- Euro verkauft und eingekauft (was ja das gleiche ist, nur aus unterschiedlicher Perspektive). Das Bruttosozialprodukt ist nun nichts anderes als genau diese 10,- Euro hochgerechnet auf ein ganzes

Jahr, also 3.650,- Euro. Diese glatten Zahlen ergeben sich allerdings lediglich aus meiner Konstruktion dieses Modells, d.h. dadurch, dass ich jede Person mit 1 Euro ausgestattet habe. In der Realität ergeben sich daher natürlich *ganz andere* Wert. Das *Prinzip* des Tausches, der Zahlungsströme und der daraus resultierenden Ableitung des Bruttosozialprodukts lässt sich aber wie ich finde daran sehr übersichtlich und nachvollziehbar darstellen.

4.1.2 Unternehmen sind (nur) notwendig, weil wir als Verbraucher hohe Ansprüche haben

Zentral ist mir festzustellen: dass eine Gesellschaft Unternehmen benötigt, ist *(nur) deswegen* der Fall, weil wir als Verbraucher heute derart anspruchsvoll sind, dass für die Herstellung der Produkte bzw. Dienstleistungen, die wir für die Stillung unserer Bedürfnisse wünschen (bzw. sogar zu benötigen glauben), das Zusammenwirken einer *großen Zahl* von Menschen notwendig ist. Für die Herstellung von Autos bspw. sind mehrere 100.000 Menschen nötig. Und diese müssen *koordiniert* (geführt) werden. Nichts anderes ist das, was wir als "Unternehmen" bezeichnen.

Um es an einem kleinen Gedankenspiel zu verdeutlichen: Alleine auf einer Insel, völlig auf uns alleine gestellt, wäre jeder von uns bestenfalls in der Lage, durch den Betrieb von Landwirtschaft sich die Ernährung mit Grundnahrungsmitteln zu sichern. Und den Durst durch das Trinken von Wasser zu stillen, das er aus nahen Gewässern schöpft. Vielleicht noch durch das Pressen von Früchten, die er findet. Und vor Wind, Wetter und Temperatur zu schützen, indem er sich in das Fell eines Tieres kleidet, sich eine Hütte aus dem Holz baut, das er in der Gegend findet, und sich ein Feuer anzündet. Also in dem er auf dem *niedrigsten* Niveau lebt, das wir uns gedanklich vorstellen können. Nämlich auf dem Niveau eines *archaischen* Menschen. Niemand oder zumindest kaum jemand von uns wird sich natürlich vorstellen können, so zu leben. Nahezu wir alle, die wir in modernen Industrienationen leben, sind es *gewohnt*, ja sehen es als *selbstverständlich* an, in einer Wohnung oder einem Haus zu leben und damit geschützt zu sein vor unangenehmen Temperaturen und auch vor wilden Tieren (so lustig weil abstrus sich das sicher für Sie lesen mag), unsere Getränke und Lebensmittel im Supermarkt zu kaufen, etwas "einfacher" vielleicht auch ab und zu Wasser aus der Leitung zu trinken, mit dem Auto über Straßen fast überall hin fahren zu können, etc. etc. Und das ist ja auch gut so. Ich genieße es ja selbst sehr, in dieser Zeit leben zu dürfen. *Gefährlich* ist es meiner Überzeugung nach allerdings, wenn *Ökonomen* diese Gedanken *nicht denken*. Ich *plädiere* ja beileibe Himmels willen *nicht* für eine archaische Lebensweise, ganz und gar nicht. Jedoch finde ich es *zentral*, dass *Ökonomen* erkennen, dass viele der drängendsten ökonomischen Probleme unserer (modernen) Zeit *gerade* in diesen Aspekten begründet liegen, nämlich in der Tatsache, dass wir für das Stillen unserer Bedürfnisse heute nur noch (*hoch-*) *komplexe* Produkte akzeptieren, deren Entwicklung, Herstellung und Transport zu uns der Mitarbeit einer *Vielzahl* von Menschen bedarf, die von Unternehmern / Führungskräften koordiniert werden müssen.

4.1.3 Arbeitslosigkeit und ihre Schrecken – ebenfalls eine Folge unserer hohen Ansprüche als Verbraucher

Arbeitslosigkeit ist nichts anderes als die Tatsache, dass ein bestimmter Mensch von *keinem* Unternehmer die Möglichkeit bekommt, an der Herstellung seiner Produkte *mitzuarbeiten*. Also entweder von keinem Unternehmer *eingestellt* zu werden oder, einmal eingestellt, wieder *entlassen* zu werden. Viele Modelle der traditionellen Volkswirtschaftslehre gehen davon aus, dass Arbeitslosigkeit in einem *zu hohen Lohnniveau* begründet liegt. Und dass Arbeitslosigkeit dementsprechend gesenkt werden kann, indem man die Gehälter senkt. Ich halte diesen Ansatz für schon fast *zynisch*. Vielleicht mag er in *Einzelfällen* zutreffen. Generell jedoch glaube ich, mit Hilfe der Modelle, wie ich sie hier vorstelle, zeigen zu können, dass die Ursachen für Arbeitslosigkeit *andere* sind und *wesentlich tiefer* liegen.

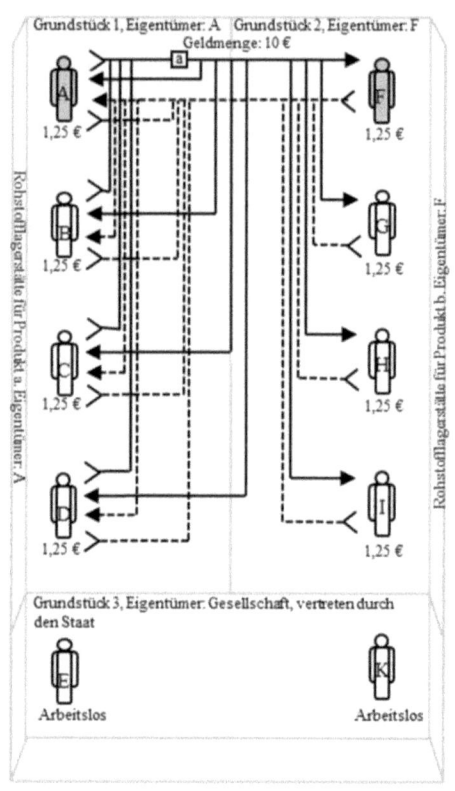

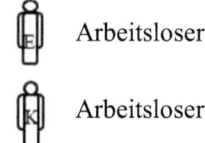 Arbeitsloser

Arbeitsloser

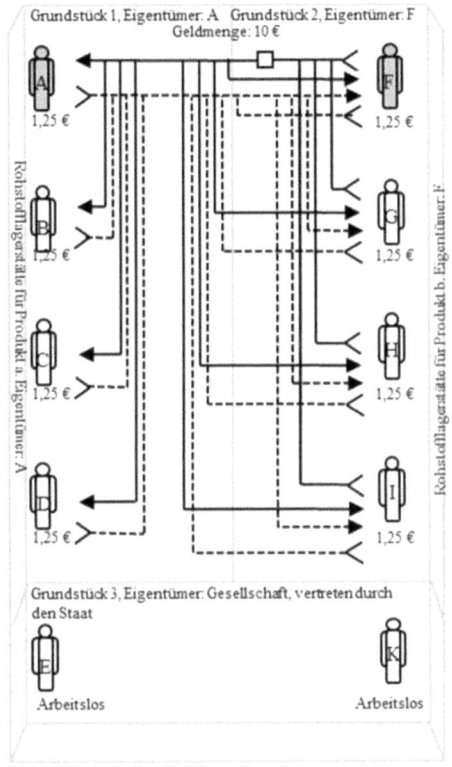

Die beiden Arbeitslosen habe ich auf einem *dritten* Grundstück platziert, welches weder A noch F gehört, sondern dem "Staat". Also der gesamten *Gesellschaft*, die der Staat ja lediglich *vertritt*. Dies um anzudeuten, dass E und K keine Erlaubnis von A und F mehr erhalten werden, sich auf *deren* Grundstücken aufzuhalten. Ich habe deswegen ein "soziales Grundstück" in das Modell eingefügt, was in der Realität etwa dem sozialen Wohnungsbau entspricht. Ich habe also quasi das Modell dahingehend geändert, dass die Modell-Erdoberfläche nunmehr in 3 (!) Grundstücke aufgeteilt ist, die Grundstücke, die A und F gehören, *kleiner* sind als in der vorherigen Fassung und es dafür eben 1 Grundstück gibt, an welchem die Gesellschaft insgesamt Eigentum besitzt, vertreten durch den Staat, den ich hier allerdings nicht explizit dargestellt habe, weil sonst das Modell zu komplex und unübersichtlich werden würde. Zentral ist mir nun zu erkennen,

1. dass E und K *keine* Möglichkeiten haben, irgend einem Zeitgenossen ihre Arbeitsleistung zu *verkaufen*. Obwohl sie dies sehr gerne *täten*. Eben weil sämtliche Menschen *ausschließlich* arbeitsteilig-kooperativ hergestellte komplexe Produkte zum Stillen ihrer Bedürfnisse akzeptieren und damit kaufen. Niemals aber die bloße Leistung eines einzelnen Menschen. Eine wichtige Anmerkung dazu: auch bspw. die handwerkliche Leistung eines Menschen, die umgangssprachlich und im allgemeinen als die Leistung (alleine) *dieses* Menschen wahrgenommen und bezeichnet wird, ist in Wirklichkeit die Leistung *vieler* Menschen. Denn er arbeitet bspw. mit *Werkzeugen* und mit *Material*. Ohne diese Werkzeuge und ohne dieses Material wäre er *nicht* in der Lage, seine Arbeit zu verrichten. Diese Werkzeuge und dieses Material sind aber wiederum hoch komplexe Produkte, für *deren* Herstellung wiederum eine (sehr große) Anzahl von Menschen notwendig sind. Übrigens z.B. auch für den *Strom*, den unser Handwerker zum Betrieb seiner Werkzeuge benötigt (z.B. Bohrer oder Säge etc.).

2. Und da sie diese Möglichkeiten nicht (mehr) haben, verdienen sie natürlich auch kein Geld mehr und können sich deswegen auch keines der Produkte mehr kaufen, die *die anderen* arbeitsteilig-kooperativ herstellen.

3. Und in *Selbstversorgung wollen und dürfen* sie nicht leben. Eine Anmerkung auch dazu: es wird sehr häufig von Menschen berichtet, z.B. in Fernsehreportagen, die - angeblich - in Selbstversorgung leben. Dies ist meiner Wahrnehmung nach aber ein *Trugschluss*. Denn diese Menschen haben industriell gefertigte Kleidung, industriell gefertigtes Essgeschirr, Fenster, Brillen, und fahren sogar nicht selten einen Traktor zur Bearbeitung ihrer Landwirtschaft. Natürlich sind diese Menschen sehr viel mehr *an der Natur orientiert* als die meisten anderen Menschen. Keine Frage. In *reiner* Selbstversorgung leben aber *ausschließlich jene* Menschen, die *keinerlei* komplexe Produkte verwenden, die arbeitsteilig-kooperativ von einer großen Zahl von Menschen hergestellt wurden. Spätestens wenn ein Mensch z.B. den *Rettungsdienst* in Anspruch nimmt, wenn er krank ist oder einen Unfall hatte, bedient er sich *durchaus* der hochkomplexen Produkte, die unsere moderne Gesellschaft auszeichnen, und ist damit *weit entfernt* davon, Selbstversorger zu sein.

Dies ist *deswegen* so schlimm, weil ein Mensch aus genau den oben genannten Gründen auch *nicht in der Lage ist*, seine Bedürfnisse *rein aus eigener Kraft* zu stillen. *Wäre* er dazu in der Lage, bräuchte nämlich niemand eine Kündigung zu fürchten. Sie wäre eventuell *unangenehm*, aber *nicht existenzbedrohend*. Weshalb aber *ist* Arbeitslosigkeit so schlimm? Ja weshalb wäre sie ohne Sozialsysteme *existenzbedrohend*? *Kaum* jemand von uns wäre bereit, *archaisch* zu leben. Ja, es wäre noch *nicht* einmal *erlaubt*! Niemand darf sich einfach irgendwo eine Hütte aus Holz hinbauen, und Landwirtschaft (rein für die Selbstversorgung, die *vollumfängliche* Selbstversorgung!) betreiben und Wasser schöpfen, wo und wie es ihm beliebt. Und *selbst* wenn dies *erlaubt* wäre: es wäre aus *sozialpsychologischen* Gründen nicht möglich. Ein Mensch, der so leben würde, würde meiner Wahrnehmung nach von den allermeisten Zeitgenossen *bestenfalls* als "Aussteiger" wahrgenommen werden, um nicht zu sagen: "verurteilt" werden. Da wir Menschen aber nahezu alle *soziale* Wesen sind, uns also nur dann wohlfühlen, wenn wir von unseren Zeitgenossen *wertgeschätzt* werden, wird diese Lebensform so gut wie niemand von uns zu wählen bereit sein.

Wäre der Verlust eines Arbeitsplatzes für den betroffenen Menschen *nicht* so schlimm, wie er es in der Realität und de facto aus den oben beschriebenen Gründen *ist*, würde ein nicht unerheblicher Teil der *Machtbasis* so manch eines jener Unternehmer und Vorgesetzten bröckeln, die sich bislang ein sehr *ungebührliches*, wenn nicht sogar höchst *unfaires* Verhalten gegenüber ihren Mitarbeitern erlaubt haben, weil sie sich ja sicher sein können, sich deren Gefolgschaft mit einer Atmosphäre der Androhung von Kündigung zu sichern.

4.2 Maschinen (Automatisierung / Industrialisierung) verstanden als *intelligente Art der Nutzenstiftung* - anstatt als Kapital

Ein sehr großer Teil der Menschen ist sich meines Eindrucks nach nicht bewusst darüber, dass Maschinen und Anlagen die Grundlage allen Wohlstands sind. Maschinen und Anlagen sind im Grunde nichts anderes, als dass man Produkte *nicht manuell* herstellt, also mit *rein körperlicher Arbeit*, sondern dass man zu ihrer Herstellung *Energie* einsetzt - und dadurch *bei gleichem Einsatz körperlicher Arbeit* (Konstruktion sowie Bedienung) *unvergleichbar größere* Mengen eines Produktes in gleicher Zeit herstellen kann. (Dass mithilfe von Maschinen und Anlagen auch eine *wesentlich bessere Qualität* erreicht werden kann, will ich an dieser Stelle einmal außen vor lassen.) Vielfach wird "die Industrie" lediglich als *Arbeitgeber* gesehen, ab und an auch in negativer Weise als Institution der *Ausbeutung*, die *Produkte*, die wir alle täglich ge- und verbrauchen und von denen der allergrößte Teil industriell hergestellt ist, also eben mit Maschinen und Anlagen, nehmen wir meines Eindrucks nach aber als *selbstverständlich* hin. Vielleicht *kritisieren* wir diese Produkte sogar noch als *billige Massenproduktion* und heben im Vergleich dazu *manuell* bzw. *handwerklich* und "*mit Liebe*" hergestellte Produkte *hervor* - leider ohne uns dabei gewahr zu sein, dass wir auf einem *wesentlich niedrigeren* materiellen Niveau bzw. Wohlstandsniveau leben würden, wenn wir sämtliche Produkte *ohne* den Einsatz von Maschinen und Anlagen herstellen würden.

Selbst bei Ökonomen bzw. Wirtschaftswissenschaftlern habe ich vielfach den Eindruck, dass sie den wahren Hintergrund des Wohlstandes nicht wirklich erkennen. Sie zitieren häufig Adam Smith und dessen Werk "The Wealth of Nations" (in seiner deutschen Übersetzung "Untersuchungen über Wesen und Ursachen des Reichtums der Völker"[27]). Kritisch sehe ich dabei, dass Smith *vor* der Industrialisierung gelebt hat und den Wohlstand "der Völker" vor allem in der *Arbeitsteilung* und der damit verbundenen *Spezialisierung* jedes einzelnen Menschen gesehen hat. Ja, ich bin zwar *auch* der Überzeugung, dass eine Gesellschaft höhren Wohlstand erreichen kann, wenn sich *nicht jeder selbst versorgt* sondern alle Menschen eben *Arbeitsteilung* vereinbaren (mit anschließendem Tausch). Dies deswegen, weil durch die damit einhergehende Spezialisierung *Lern-, Konzentrations- und Gewöhnungseffekte* eintreten, die dazu führen, dass jeder Mensch von *demjenigen* Produkt, auf das er sich spezialisiert hat, in dem gleichen Zeitraum (also etwa pro Stunde oder pro Tag) *wesentlich mehr* herstellen kann als wenn er in demselben Zeitraum *verschiedene* Produkte herstellen würde. Allerdings ist *diese* Produktivitätssteigerung *lediglich* diejenige, die eine *Manufaktur* mit sich bringt. Und eine Manufaktur besitzt noch eine um *Welten* geringere Produktivität als ein *Industriebetrieb*. D.h. auch wenn wir uns in *Manufakturen* organisieren würden, könnten wir nur *weit weniger* Wohlstand genießen, als wir das in unserer Industriegesellschaft tun. Ökonomen würden mir nun entgegenhalten: "Sehr richtig - wir sprechen aber auch nicht von Manufakturen, sondern vom Einsatz von *Kapital*". Doch genau *hier* sehe ich wiederum ein höchst problematisches Verständnis: Ökonomen betrachten Maschinen und Anlagen (lediglich) als "*Kapital*". Die Gründe hierfür sind meines Erachtens die folgenden beiden: A) Sie betrachten Maschinen und Anlagen *nicht* in erster Linie als Gegenstände, mit denen man Produkte *unter Einsatz von Energie* herstellen kann, sondern als Gegenstände, die Unternehmer *gegen Geld gekauft haben* (z.B. von Maschinenbaufirmen). Daher das Verständnis von Maschinen und Anlagen als "Kapital". Weil Unternehmer für ihren Erwerb Geld (Kapital) einsetzen mussten. B) Sie werfen Maschinen und Anlagen damit schlicht in "einem Topf" mit Grundstücken, Gebäuden, Geldvermögen und sogar Material etc. Denn all diese Dinge betrachten sie als "Kapital". Eine wie ich finde erschreckend undifferenzierte Vorgehensweise.

Weil Ökonomen Maschinen und Anlagen nun aber als *Kapital* betrachten und *nicht* als Gegenstände, mit deren Hilfe man Produkte unter dem Einsatz von *Energie* herstellen kann und damit *sehr viel größere Mengen* als lediglich mit *körperlicher* Arbeit und mit wesentlich höherer Qualität, *übersehen* sie meiner

---

[27] Smith 2005

Ansicht nach diesen ganz wesentlichen Faktor. Ich will in diesem Abschnitt genau *diesen* Aspekt als die Ursache für unseren heutigen Wohlstand betrachten.

Traditionell arbeitende Ökonomen behandeln Maschinen und Anlagen fast immer als "Kapital". Dies rührt natürlich daher, dass Unternehmer in der Realität Kapital *einsetzen* müssen, um Maschinen und Anlagen zu *erwerben*. Ich hingegen betrachte Maschinen und Anlagen als eine *besonders intelligente Art, einen Nutzen zu stiften*. Ein Bedürfnis zu stillen. Um diesen Gedanken zu erläutern, beginne ich in einem Modell der "Weltwirtschaft" mit einer "Weltbevölkerung" von nur 1 Person (1-Personen-Modell) damit, dass A die Idee entwickelt, eine Maschine zu konstruieren, um damit eine bestimmte Tätigkeit, die er bislang *manuell* verrichtet hat, künftig durch den Einsatz von Energie *automatisiert* verrichten lassen zu können (und dann nur noch Bedienarbeit leisten zu müssen). Er konstruiert diese Maschine also.

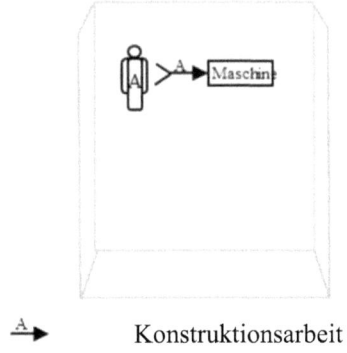

$\xrightarrow{A}$ Konstruktionsarbeit

Auch das Entwickeln dieser Idee und das Konstruieren dieser Maschine ist natürlich Arbeit. Es ist sogar Arbeit, die noch zu *keinem* Nutzen führt, mit der also noch *kein* Bedürfnis gestillt wird (!). Nach Fertigstellung der Maschine gelingt es A, mithilfe des Einsatzes von Energie eine deutlich höhere Anzahl von Produkten herzustellen, als ihm dies alleine mit persönlicher / körperlicher Arbeit gelingen würde. Er kann sich infolgedessen also seine Bedürfnisse in einem wesentlich größeren Umfang stillen.

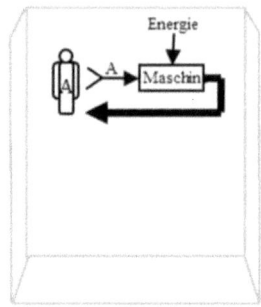

Der **stark** gedruckte Pfeil (M➡A) soll zum Ausdruck bringen, dass der Umfang, in dem er sich damit das betreffende Bedürfnis stillen kann, *wesentlich größer* ist als es dem Umfang seiner *körperlichen* Arbeit (*normal* gedruckter Pfeil A→M) der Fall wäre, Der Pfeil von Energie zur Maschine (E→M) soll darstellen, dass A der Maschine Energie zuführt (in der Realität natürlich in aller Regel Strom oder Treibstoff).

Für diejenigen unter Ihnen, liebe Leserinnen und Leser, die Ökonomen sind und die formelle mathematische Darstellungen als hilfreich empfinden: Wenn wir einmal annehmen, dass bei *manueller* Arbeit 1 Arbeitseinheit (AE) zu 1 Nutzeneinheit (NE) führt, lässt sich manuelle Arbeit etwa wie folgt ausdrücken:

$$b_A = w_A$$

mit
b_A: Nutzen (benefit)
w_A: Arbeit (work)

Die automatisierte Produktion könnte dann ausgedrückt werden als

$$b_A = \alpha w_A \text{ mit } \alpha > 1, \text{ und zwar } \alpha \gg 1$$

d.h. der Nutzen, der durch 1 Arbeitseinheit entsteht, ist *größer* als jener bei manueller Arbeit, und zwar *wesentlich* größer.

So weit dürfte dies noch sehr gut nachvollziebar sein. Vermutlich sogar *so gut*, dass es Ihnen *trivial* erscheinen mag. Nähern wir uns also der Realität zumindest *ein wenig*, indem wir nicht mehr von einer (Modell-) "Weltbevölkerung" von 1 Person ausgehen, sondern dieses Modell auf ein 2-Personen-Modellen *erweitern*. In einem Modell mit *zwei* Personen können nun entweder beide eine

Maschine für ihren *eigenen* Bedarf konstruieren und sich dadurch unabhängig voneinander ein höheres Nutzenniveau verschaffen.

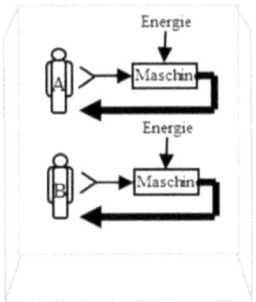

Sie können aber auch Arbeitsteilung, Spezialisierung und Tausch vereinbaren. Genauso wie sie dies *ohne* den Einsatz von Maschinen tun könnten, also bei dem Einsatz rein *körperlicher* Arbeit.

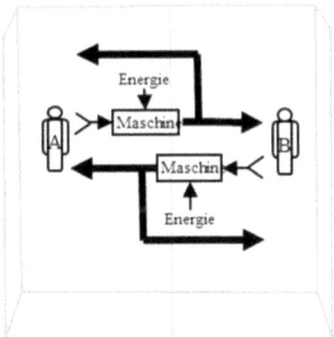

A spezialisiert sich bspw. auf die Herstellung von *Lebensmitteln* - und konstruiert eine Maschine, mit der er Lebensmittel herstellen kann. B spezialisiert sich auf die Herstellung von *Getränken* - und konstruiert ebenfalls eine entsprechende Maschine. Nun können beide im Tausch miteinander *und* mit dem Einsatz von Maschinen ein wesentlich höheres Nutzenniveau erreichen: A produziert mit seiner Maschine Lebensmittel in einer sehr großen Menge, die er von Hand niemals herstellen könnte, *behält* davon einen Teil, um den *eigenen Hunger zu stillen*, und den *anderen* Teil gibt er dem B - im Tausch gegen Getränke.

B produziert mit seiner Maschine Getränke und agiert analog zu A. So erhält *jeder der beiden* Lebensmittel und Getränke, und zwar beides in einer wesentlich größeren Menge, als wenn sie beide *ohne* die Konstruktion und den Einsatz ihrer Maschinen gearbeitet hätten, also ausschließlich *körperlich*. Die Produktivität dieses "Wirtschaftssystems" ist also deutlich gestiegen.

Für diejenigen unter Ihnen, liebe Leserinnen und Leser, die Ökonomen sind und die formelle mathematische Darstellungen als hilfreich empfinden:

$b_A = \beta w_B$ mit $\alpha \gg 1$ und
$b_B = \alpha w_A$ mit $\alpha \gg 1$

mit
α: Produktivitätsindex der Maschine des A und
β: Produktivitätsindex der Maschine des B

Und es wird damit wie ich hoffe auch deutlich, dass die Produktivität nicht "einfach" steigt, sondern dass sie *ausschließlich dann* steigt, wenn Menschen *eine Maschine konstruieren* - zur Automatisierung einer bestimmten Tätigkeit, die bis dahin *von Hand* verrichtet wurde, eine *Maschine konstruieren*.

Die Produktivität in der gesellschaftlichen Diskussion

In der gesellschaftlichen Diskussion kommt mir dieser Aspekt oft ein wenig *zu kurz*. In *diesem* Falle muss ich ein wenig manches Argument von Gewerkschaftsvertretern kritisieren. Allerdings bin ich keinesfalls politisch *einseitig*. An *anderer* Stelle kritisiere ich durchaus genauso das Verhalten von manchem *Unternehmer*, z.B. vor allem wenn es um die Ausübung von *Macht* geht. Also verstehen Sie mich bitte nicht falsch. Meine besagte Kritik an bestimmten Argumenten von Gewerkschaftsvertretern bezieht sich *darauf*, dass diese gerne davon sprechen, dass sich "die Produktivität der Volkswirtschaft erhöht hat und deswegen man auch zu Recht Gehaltserhöhung fordere." Ich gestehe Gewerkschaften voll und ganz zu, Gehaltserhöhungen zu fordern. Überhaupt keine Frage. Für die Erhöhung der Produktivität hat meiner Überzeugung nach allerdings *ausschließlich* die Arbeit der *Konstrukteure* (also z.B. Ingenieure) geführt. Eine Gehaltserhöhung für *alle*, basierend *auf* dem Argument der *Produktivitätssteigerung*, halte ich deswegen für *problematisch*. Denn die Produktivität all jener, die ihrer *ganz normalen täglichen* Arbeit nachgehen, *ohne* eine Maschine zu konstruieren, um ihre Arbeit zu automatisieren, hat sich *nicht* erhöht. Die Produktivität *ihrer* Arbeit wurde erhöht durch *die Kombination* ihrer Arbeitsleistung mit der Arbeit eines Ingenieurs - nämlich der Entwicklung der Maschine.

Die Produktivität in Entwicklungsländern

Ich gehe sogar soweit, die These aufzustellen, dass der Grund für die Armut, die in vielen Ländern herrscht, *darin besteht,* dass es in den betroffenen Ländern *zu wenige* Menschen gibt, die dazu motiviert sind, Maschinen zu entwickeln. Maschinen eben, mit denen sie diejenigen Arbeiten, die dort bis heute vorwiegend *körperlich* verrichtet werden, mithilfe des Einsatzes von Energie *automatisiert* durchführen könnten. Ich sehe häufig in Fernsehreportagen, in denen über arme Länder berichtet wird, bspw. Menschen, die Baumaterial für den Bau von Gebäuden in *Körben* auf dem Kopf transportieren und Gruben manuell und lediglich mit der Hilfe von Schaufeln ausheben. Beides wäre natürlich in *Industrieländern nicht* denkbar - hier kommen LKWs und Bagger zum Einsatz... also nichts anderes als *Maschinen*, mit deren Hilfe unter dem Einsatz von Energie (Treibstoff) Erdbewegungen (Aushub und Transport) *sehr viel effizienter* durchgeführt werden. Daher frage ich mich immer wieder, weshalb es den Menschen, die in diesen Ländern leben, nicht gelingt, den gleichen Grad der Automatisierung und damit das gleiche Ausmaß von Wohlstand zu erreichen, wie wir es in den Industrieländern gewöhnt sind. Zumal viele dieser Länder bekanntlich über *sehr viel mehr Rohstoffe* verfügen, als dies bspw. bei Deutschland der Fall ist. Rohstoffe zum *Bau* (Material) und zum *Betrieb* (Energieträger) von Maschinen. Liegt es an der *Bildung*? Gibt es dort also *zu wenig Ingenieure*? Würden die massiven Unterschiede im Wohlstand zwischen den verschiedenen Ländern schon *dadurch* abgebaut werden können, dass dort mehr Menschen eben z.B. zu Ingenieuren ausgebildet werden?

4.3   Staatliche Aktivitäten

Die Entscheidungen staatlicher Entscheidungsträger ("Politiker") über Staatseinnahmen und Staatsausgaben, der Staat, werden meiner Alltagswahrnehmung nach von sehr vielen Menschen, vielleicht sogar von der großen Mehrheit der Menschen, als sehr abstraktes Gebilde wahrgenommen. Die Staatseinnahmen, Steuern und Abgaben, vor allem als Zahlungen, über die wir uns in aller erster Linie Gedanken dahingehend machen, wie wir sie *minimieren* können oder uns eben darüber *ärgern*. Die meisten staatlichen Leistungen, wie Schule, Sicherheit, Rechtswesen, Straßenbau, nehmen wir vielfach wie *selbstverständlich* - und *ärgern* uns höchstens, wenn *wir selbst* eine staatliche Leistung *in Anspruch nehmen wollen* und diese uns nicht in dem Maße gewährt wird bzw. zur Verfügung steht, wie wir uns dies *wünschen* (keinen Kita-Platz, marode Straßen, unser Kind in einer viel zu großen Schulklasse, zu lange Gerichtsprozesse etc.).

Selbst *Wirtschaftswissenschaftler* tun sich meiner Wahrnehmung nach schwer mit dem Phänomen "Staat" bzw. den Zahlungsströmen, die durch staatliche Entscheidungen ausgelöst werden. Sie betrachten zwar *Staatseinnahmen* und auch *Staatsausgaben,* beides aber *getrennt voneinander*. Wissenschaftler, die sich mit den *Staatseinnahmen* befassen, analysieren Arten und Höhe von Einnahmen und deren Wirkung auf Bevölkerung und Wirtschaft, Wissenschaftler, die sich mit den *Staatsausgaben* befassen, betrachten Art und Höhe von Ausgaben und fragen sich vor allem, ob damit gewünschte politische Ziele erreicht werden können.

Aus diesen Gründen halte ich es für sehr wichtig, im Rahmen dieser Arbeit auch staatliche Aktivitäten näher zu beleuchten. Auch und gerade staatliche Aktivitäten können in einem Modell der "Weltwirtschaft" mit einer überschaubaren Anzahl von Personen als "Weltbevölkerung" oder auch mit einem Modell einer "Insel", auf der nur wenige Menschen leben, hervorragend analysiert werden. Wie ich finde besser als mit den meisten *mathematischen* (und damit sehr *abstrakten*) Modellen, die in der Wirtschaftswissenschaft bislang entwickelt worden sind.

Staatliche Aktivitäten sind aus der Sicht von Tauschprozessen, die ich hier vertrete, nichts anderes als eine *besondere Form* von Tauschprozessen. Das Besondere daran ist, dass der Staat, den ich hier durch einen staatlichen Entscheidungsträger C darstelle, den Bürger A durch Steuergesetzgebung verpflichtet, ihm Geld zu bezahlen (=Staatseinnahmen, Pfeil A ⁻➔ C), das dieser dann an den Bürger B *weitergibt* (=Staatsausgaben, Pfeil ⁻➔). Und zwar dies *verbunden* mit dem *Auftrag* an B, eine bestimmte Arbeit zu verrichten. Eine Arbeit, die zu einem "öffentlichen Nutzen" führt - bzw. von der wir als Steuerzahler zumindest *erwarten* würden, dass sie zu einem "öffentlichen Nutzen" führt... was zu einem großen Teil allerdings durchaus auch der Fall sein dürfte. *Beispiele* für eine solche Arbeit, die zu einem "öffentlichen Nutzen" führt, sind in der *Realität* der Straßenbau, innere Sicherheit (also bspw. die Arbeit von Polizeibeamten), äußere Sicherheit, Bildung (die Arbeit von Lehrern) etc. In unserem *miniaturisierten Modell*, welches mit dem Leben auf einer *Insel* vielleicht am ehesten vergleichbar ist, würden *solcherlei* Arbeiten natürlich *keinerlei* Sinn machen. Daher wähle ich als Beispiel, dass B Wärme durch Feuer erzeugt. Der "*öffentliche*" Nutzen dieses Feuers besteht *darin*, dass sich an diesem Feuer *alle* (drei) wärmen können.

Anmerkung: dass C *selbst* auch ein *Mensch* ist, der auf Tauschprozesse angewiesen ist, um z.B. mit Lebensmitteln versorgt zu werden, *vernach-*

lässige ich hier einmal, weil das Modell ansonsten unnötig komplex und unübersichtlich werden würde.

B wird also diesen Auftrag erfüllen und Feuer machen, damit A (und C) sich wärmen können (Pfeil A←B[28]). Anschließend wird er seinerseits das Geld, das er also bekommen hat, *dazu* verwenden, von A etwas zu kaufen, also A etwas *für sich herstellen* zu lassen, z.B. Lebensmittel (Pfeil A→B).

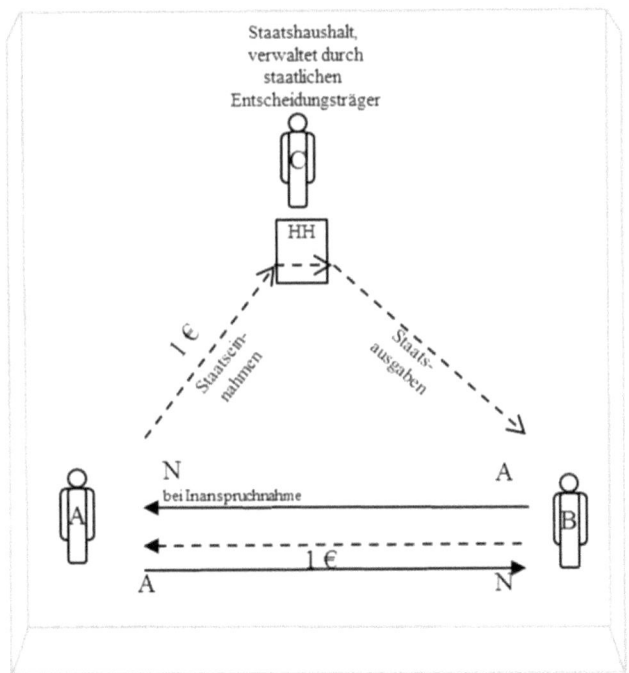

Anm.: B hätte selbstverständlich *auch* die Möglichkeit, dieses Geld zu *behalten*, mit anderen Worten: zu *sparen*. *Diese* Option will ich aber an dieser Stelle der Vereinfachung halber *nicht* berücksichtigen. Das Spar-Verhalten habe ich im Abschnitt "Sparen" ausführlich behandelt (d.h. das Wesen sowie die Wirkungen und Folgen von Spar-Verhalten - Aspekte, die aus der hier eingenommenen "Vogelperspektive" teilweise *ganz anders* ausschauen als aus der oft eher *rein subjektiven* Perspektive, die meiner

---

[28] Dass *auch* C öffentlichen Nutzen genießen kann, *vernachlässige* ich aus Gründen der Vereinfachung an dieser Stelle.

Wahrnehmung nach in der gesellschaftlichen Diskussion und sogar auch in der wirtschaftswissenschaftlichen Literatur eingenommen wird).

Damit hat also sowohl A dem B durch seine Arbeit einen Nutzen gestiftet bzw. ein Bedürfnis befriedigt als auch B dem A. Insgesamt könnte man diesen Vorgang also als *vollständigen/abgeschlossenen Tauschprozess* betrachten (A⇆B). Das *Besondere* an diesem Tauschprozess besteht *darin*, dass B seinen Auftrag *von C* erhalten hat, *obwohl das Geld dafür von A* stammt, es ihm *von C* gegeben worden ist und C den A nicht explizit gefragt hat, ob dieser damit einverstanden ist. In der Realität in demokratischen Gesellschaften wie der Bundesrepublik Deutschland muss sich C natürlich in regelmäßigen Abständen *Wahlen* stellen. Allerdings *während* einer Legislaturperiode hätte A nur (sehr) *begrenzte* Möglichkeiten, auf das Auftragsvergabeverhalten des C Einfluss zu nehmen.

Der öffentliche Nutzen, von dem ich oben immer wieder schrieb, ist also dadurch gekennzeichnet, dass er

- *nicht* wie in einem normalen Tauschprozess von *demjenigen* Menschen definiert wird, von dem das *Geld* stammt (im Beispiel also A), sondern eben vom Vertreter des Staates (C)
- demjenigen Menschen, von dem das Geld stammt, *nur dann* einen Nutzen stiftet, wenn der diesen auch tatsächlich *in Anspruch* nimmt (also einen Gerichtsprozess führt oder eine Straße benutzt etc.)
- *auch* demjenigen *selbst* nutzt, der diese Arbeit verrichtet hat, im Beispiel also B (der Straßenbauarbeiter, der eine Straße gebaut hat, kann diese ja auch selbst befahren).

Anm.: Aufgrund des *letzten* Punktes, also der Tatsache, dass dieser öffentliche Nutzen *auch* demjenigen *selbst* nutzt, der diese Arbeit verrichtet hat, im Beispiel also B, ist die korrektere Darstellungsweise wie folgt:

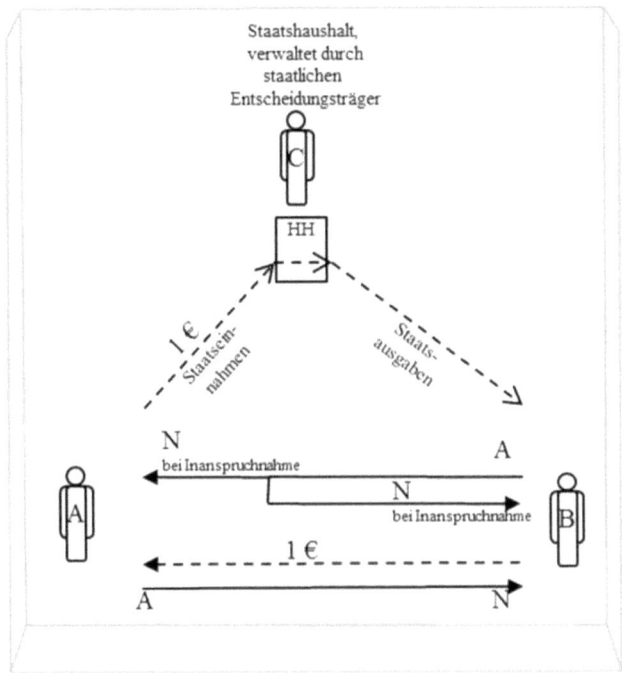

Noch eine Anmerkung zu den Beschriftungen "Nutzen bei Inanspruchnahme": Die *meisten* Leistungen, die "der Staat" - oder besser: Menschen im Auftrag staatlicher Entscheidungsträger - durch ihre Arbeit generieren, stillen beim Empfänger erst dann ein Bedürfnis, wenn dieser diese Leistung auch tatsächlich in Anspruch nimmt. Ein Beispiel: mit der Arbeit eines Straßenbauarbeiters wird einem Menschen nur dann ein Bedürfnis gestillt (nämlich das Bedürfnis, sich komfortabel und ohne Hindernisse wie z.B. Sträucher oder Morast von einem Ort zu einem anderen bewegen zu können), wenn dieser Mensch diese Straße auch tatsächlich benutzt.

Jene staatlichen Entscheidungen, die ihren Niederschlag in Staatseinnahmen und Staatsausgaben finden, führen also zu *Tauschprozessen*, allerdings zu Tauschprozessen mit den oben geschilderten *Besonderheiten*.

Dies ist meines Erachtens nach der Grund, weshalb man Staatsausgaben teilweise als "Konjunkturprogramm" ansehen kann. Nämlich immer dann, wenn - im Modell – A dem B *keinen* Auftrag erteilt hätte sondern das bei ihm befindliche Geld *gespart* hätte.[29] Hätte hingegen A das Geld *selbst* dem B gegeben (verbunden mit einem Auftrag), dann kann man dieses staatliche Verhalten meiner Einschätzung nach schon *nicht* mehr als Konjunkturprogramm ansehen, denn dann wäre ein Tauschprozess ja bereits durch die eigenen Entscheidungen von A und B entstanden. Allerdings können staatliche Entscheidungen natürlich *auch dann* wichtig sein. Nämlich z.b. in all jenen Situationen, in denen der staatliche Entscheidungsträger C eine Aufgabe sieht, deren Erfüllung für die Gesellschaft *sehr wichtig* ist - deren Wichtigkeit aber vielleicht von A nicht gesehen wird - so dass C bestimmt: Ich beauftrage B mithilfe Deines Geldes, A, mit der Aufgabe "innere Sicherheit", weil dies sehr wichtig ist - auch wenn Du, A, dies im Moment anders siehst als ich. Dabei besteht meiner Einschätzung nach in Demokratien immer die Hoffnung, dass die staatlichen Entscheidungsträger *tatsächlich* Aufträge vergeben, die im Sinne aller oder wenigstens im Sinne der Mehrheit der Bevölkerung sind, eben *weil* sich die staatlichen Entscheidungsträger in regelmäßigen Abständen *Wahlen* stellen müssen und *während* einer Legislaturperiode zu einem gewissen Teil durch Gewaltenteilung sowie parlamentarische Opposition kontrolliert werden.

Nun gibt es verschiedene *Anlässe*, aufgrund deren staatliche Entscheidungsträger dies veranlassen:

- hoheitliche Aktivitäten (z.B. öffentliche Sicherheit)
- nicht-hoheitliche Aktivitäten (z.B. Forschung und Infrastruktur)
- Transferzahlungen (z.B. Sozialleistungen und Renten)

Diese Unterscheidung halte ich für wichtig. Deshalb möchte ich darauf noch eingehen. Die Unterscheidung zwischen hoheitlichen Aktivitäten und nicht-hoheitlichen ist aus meiner Sicht wichtig, weil sich dadurch meiner Meinung nach eine unterschiedliche Priorität ergibt. Sicherheit halte ich ganz persönlich für vordringlicher als Forschung und Infrastruktur. Wobei ich selbstverständlich auch Forschung und Infrastruktur für sehr, sehr zentral halte. Jedoch die Sicherheit ist aus meiner Sicht natürlich noch sehr viel wichtiger. Transferzahlungen unterscheiden sich wiederum von den ersten beiden Punkten ganz wesentlich in ihrem Charakter: Sie stellen eine Besonderheit dar. Denn bei diesen stößt der Staat nicht etwa *Tauschprozesse* an, sondern *Versorgungsprozesse*, wie wir gleich sehen werden.

---

[29] Und zwar gespart im Sinne von *behalten*, ja im Sinne von "als Bargeld bei sich zu Hause" behalten; denn schon in dem Moment, in dem er es als Giralgeld auf einem Girokonto "spart", entsteht eine Situation, die anders zu bewerten ist - mehr dazu im Abschnitt zum Spar-Verhalten.

4.3.1 Hoheitliche Aktivitäten

Der Zahlungsstrom aus Staatseinnahmen und Staatsausgaben, mit dem hoheitliche Aktivitäten finanziert werden, führt zu Tauschprozessen, bei denen der staatlich beauftragte Mensch hoheitliche Aufgaben erfüllt, also z.B. ein Richter oder ein Polizeibeamter. Der Staat gibt also das Geld, welches er vom Steuerbürger einzieht, einem Beamten, im Beispiel der Grafik einem Richter. Diesem erteilt er gleichzeitig einen Auftrag; im Beispiel: als Richter für Rechtssicherheit zu sorgen.

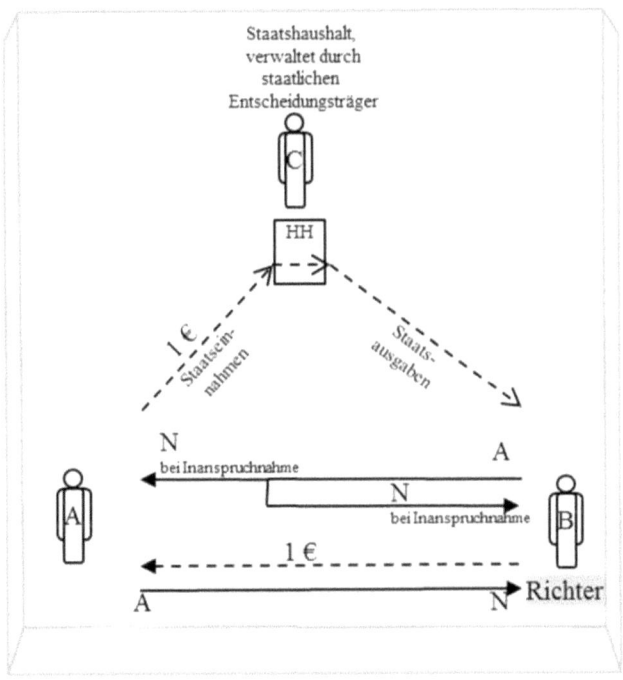

Ökonomen sprechen gerne von "Marktversagen", wenn sie zu erklären versuchen, weshalb es Aufgaben gibt, für die "der Staat" zu sorgen hat. Das Wort "Marktversagen" ist mir dabei sehr viel zu *abstrakt*. Der Betrachtungsgegenstand der Wirtschaftswissenschaften ist *die Gesellschaft*. Also das Zusammenleben von uns Menschen. Während die Sozialwissenschaften, zu denen die Wirtschaftswissenschaften durchaus gehören, das gesamte Zusammenleben jedweder Art zum Gegenstand haben, analysieren die Wirtschaftswissenschaften speziell die ökonomischen Aspekte des Zusammenlebens von uns Menschen. Was ich damit sagen möchte: der Mensch bzw. die Menschen sollten im Fokus der Betrachtung stehen. In diesem Zusammenhang dann aber einen solch technokratischen Begriff zu verwenden, halte ich ganz persönlich für problematisch. Es fehlt ihm meiner Auffassung nach an Erklärungsinhalt. *Wer* versagt, wenn wir von einem Versagen sprechen. Und was heißt "Versagen"? Ich persönlich erkläre dieses Phänomen sehr viel lieber, indem ich ein Modell verwende, im Rahmen dessen ich eine Gesellschaft (oder noch lieber: die Weltbevölkerung) mit ihren einzelnen Menschen darstelle, und dann die Person A betrachte und mich frage, weshalb es eines Menschen C bedarf, der die Person B mit einer *anderen* Aufgabe beauftragt, als A es *von sich aus* tun würde. Eines Menschen C, der also in die täglichen Tauschprozesse A⇆B eingreift und diese dahingehend verändert bzw. beeinflusst oder gar determiniert, dass er nicht mehr A zugesteht, einen Auftrag an B zu definieren (wie dies in einem privaten bzw. vollkommen selbstbestimmten Tauschprozess der Fall wäre), sondern dies an A's Stelle tut, und dies obwohl er B Geld gibt, welches er zuvor von A eingezogen hat. Dies liegt natürlich unter anderem darin begründet, dass es sich um Aufgaben handelt, die die gesamte Gesellschaft betreffen und daher auch von der gesamten Gesellschaft gemeinsam definiert werden sollten. Dies lässt sich vielleicht erst an einem größeren Modell nachvollziehbar erläutern, welches mehr als nur 2 oder 3 Personen enthält, sondern bspw. 100. In einem solchen Modell lässt sich dann leicht vorstellen, dass unter diesen 100 Personen bspw. auch Kriminelle leben. Nun ist es natürlich sehr sinnvoll, dass alle anständigen Mitglieder dieser Gesellschaft gemeinsam entscheiden, einen oder mehrere Personen aus ihrer Mitte damit zu beauftragen, sie vor diesen Kriminellen zu beschützen. Es liegt meiner Ansicht nach auf der Hand, dass eine solche Beauftragung kaum in einer sinnvollen Art und Weise geschehen würde, wenn jeder einzelne - im *kleinen* Modell also A - jemanden anderen damit beauftragen würde, gegen diesen Kriminellen vorzugehen. Um auszuschließen, dass Handlungen wie Selbstjustiz oder Sanktionen gegen einen lediglich *vermeintlich* Schuldigen, also einen *Unschuldigen*, realisiert werden, ist es also zum einen unbedingt notwendig, dass solche Handlungen in der Realität durch die Volksvertretung beschlossen werden, und zum anderen durch Menschen umgesetzt werden, die dazu *speziell ausgebildet* sind (Richter, Polizei- und Justizvollzugsbeamten).

4.3.2 Nicht-hoheitliche Aktivitäten wie Infrastrukturbau, Forschung, Bildung etc.

Nicht-hoheitliche Aktivitäten zeichnen sich dadurch aus, dass der Mensch, der vom staatlichen Entscheidungsträger beauftragt wird, eine Aufgabe erfüllt wie z.B. Forschung oder Straßenreinigung,

- die zwar keine hoheitliche Bedeutung hat,
- die aber trotzdem geleistet werden sollte, weil sie durchaus einen wichtigen Nutzen erzeugt,
- mit der A aber *niemals selbst* B beauftragen würde, weil A diesen Nutzen für sich *nicht sieht*.

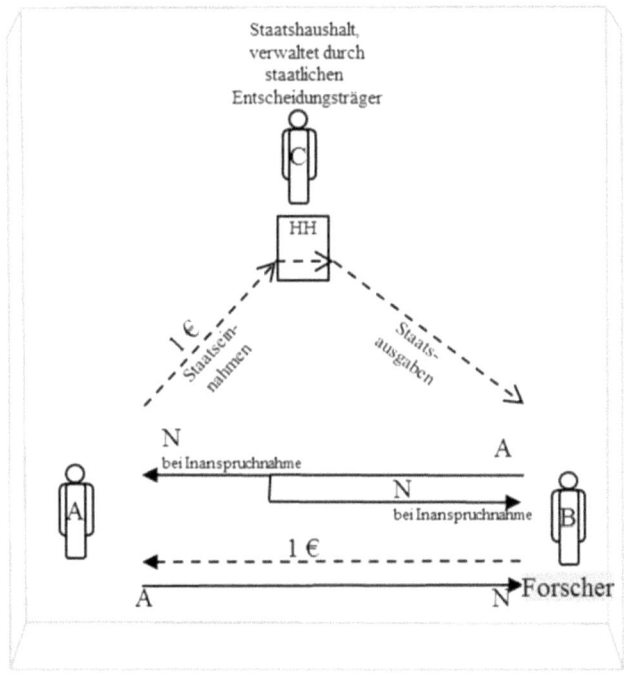

Es gibt also Aufgaben, die *nicht* hoheitlicher Natur sind, die A aber wünscht, für die er aber dennoch von sich aus keinen Zeitgenossen beauftragen würde im Rahmen eines Tauschprozesses.

Straßenreinigung wäre meiner Einschätzung nach eine Aufgabe, deren Notwendigkeit A mit hoher Wahrscheinlichkeit sieht. Weshalb beauftragt er B nicht damit?

Eine Straße ist ein Element der Infrastruktur. Also ein Produkt, welches die Häuser vieler Menschen miteinander verbindet. Die einzige Art und Weise, wie eine solche Straße gereinigt werden kann, ist, gemeinschaftlich einen Menschen aus unserer Mitte damit zu beauftragen. Denn die einzige andere Möglichkeit bestünde ja nur darin, dass z.b. jeder einzelne Hausbesitzer jenen Abschnitt einigt, der sich vor seinem Haus befindet. Dies wäre aber vermutlich zum einen völlig unrealistisch. Zum anderen würde dies möglicherweise dazu führen, dass Straßen mit sehr unterschiedlicher Qualität gereinigt werden. Der eine Hausbesitzer würde dabei sehr sorgfältig vorgehen, der andere weniger sorgfältig. Für die Benutzer der Straße ist es aber wichtig, dass die gesamte Straße in einheitlicher Qualität gereinigt ist. Dies ist nur dann denkbar, wenn die Reinigung in die Hände einer einzigen Person gelegt wird.

Beim Thema Forschung kommt meines Erachtens nach zum Tragen, dass es zahlreiche Menschen gibt, die den Nutzen von Forschungstätigkeit nicht erkennen - und vielleicht auch nicht erkennen können, dass viele Produkte, die sie nutzen und schätzen, nur dadurch möglich geworden sind, dass ihrer Herstellung ein mehr oder weniger langer Forschungsprozess vorausgegangen ist (Beispiel: Medikamente). Mangels dieser Wahrnehmung wären solche Menschen im Grunde auch nicht wirklich bereit, Zeitgenossen mit Forschung zu beauftragen und ihnen dafür Geld zu bezahlen. Hier müssen quasi staatlichen Entscheidungsträger eingreifen, um als die durchaus *mündigeren* Personen die Forschungs *doch* zu initiieren (sprich: zu finanzieren), so dass eben auch die *weniger* mündigen Menschen in den Genuss solcher Produkte kommen, auch wenn sie dadurch zunächst einmal quasi ein Stück weit "gegen ihren Willen" dazu gezwungen werden müssen, Forscher zu bezahlen. Im Beispiel unseres Modells wäre A ein Mensch, der nicht sieht, dass es notwendig ist, dass B forscht, der aber - Jahre später - sehr gerne den Nutzen der Forschungsergebnisse des B genießt, sobald diese vorliegen.

Kulturelle Themen wie der Denkmalschutz sind sicherlich ein besonderer Aspekt. Auf diesem Gebiet ist es meines Eindrucks nach schon ausreichend, dass es zahlreiche Menschen gibt und vor allem auch Experten, die es für sehr wichtig halten, dass kulturelle Errungenschaften bewahrt werden. Dies darf als Legitimation für staatliche Entscheidungsträger ausreichen, dass sie bestimmte Zeitgenossen damit beauftragen, die Unversehrtheit entsprechender Bauwerke sicherzustellen. Dabei ist es durchaus denkbar, dass gar nicht einmal alle Menschen ein bestimmtes Gebäude für erhaltenswert halten.

4.3.3 Sozialleistungen / Transfers – kein Tauschprozess sondern ein Versorgungsprozess

Viele Menschen haben meiner Wahrnehmung nach den Eindruck, dass Sozialleistungen vom Staat bezahlt werden. Gleichzeitig bin ich mir nicht sicher, ob diese Menschen sich auch bewusst darüber sind, dass der Staat lediglich eine Institution ist, die die Gelder, die sie ausgibt, zuvor von den (erwerbstätigen und damit steuerpflichtigen) Bürgern eingezogen hat. Und dass es damit nicht eigentlich der Staat ist, der die Sozialleistungen bezahlt, sondern die erwerbstätigen Bürger. Hält man sich dies vor Augen, dann bekommt meiner Überzeugung nach der Begriff des "Sozialstaats" eine ganz andere Prägung, als er sie in weiten Kreisen der Bevölkerung hat: nicht die Institution Staat versorgt die Menschen, die Sozialleistungen empfangen, sondern die erwerbstätigen Zeitgenossen versorgen sie - die Institution Staat organisiert diese Versorgung lediglich... eben indem sie die entsprechenden Gelder von den erwerbstätigen Menschen einzieht und sie jenen gibt, die zu versorgen man entschieden hat.

Dass es nicht der Staat sein kann, der Menschen versorgt, sondern dass es immer der erwerbstätige Teil der Gesellschaftsmitglieder ist, der die Versorgung leistet, und der Staat nur der Organisator ist, ist in der Realität mit Ihren Millionen (Deutschland) und Milliarden von Menschen (weltweit) nur schwer erkennbar. Schnell deutlich wird es im Grunde, wenn man sich in einem Modell einer Gesellschaft mit nur sehr wenigen Menschen betrachtet, was "Versorgung" ist: Ein Mensch, z.B. ein Landwirt, arbeitet, stell in diesem Beispiel also Lebensmittel her, und gibt einen Teil dieser Lebensmittel einem anderen Menschen - ohne seinerseits eine Gegenleistung von diesem dafür zu erhalten.

Sozialleistungen bzw. Renten schließlich sind *keine Tauschprozesse* sondern *Versorgungsprozesse*. Der Staat zieht von A Geld ein (Pfeil A - -> C) und gibt es B (Pfeil C - -> B). B beauftragt A, etwas für ihn herzustellen (z.B. Brötchen), lässt ihn also für sich arbeiten (Pfeil A→B) und gibt ihm dafür das Geld (Pfeil A <- - B). C, der in diesem Modell den Staat repräsentiert, zieht es anschließend, d.h. z.B. am nächsten Tag, *erneut* Geld von A ein (Pfeil A - ->C) und gibt es wieder B (Pfeil C - -> B).[30] C, der Staat, sorgt damit also dafür, dass A immer wieder, "täglich", für B arbeitet, ... *ohne* dass B ihm, A, dafür seinerseits durch Arbeit eine Gegenleistung erbringen muss. Dies ist also nichts anderes als die *Organisation* eines *Versorgungsprozesses* A→B - mit Hilfe des "Instrumentes Geld".

---

[30] In der Realität zahlt ein Bürger natürlich *nicht täglich* Steuern sonder nur monatlich oder jährlich (abhängig von der Steuerart). In unserer Simulation und gerade wenn ich die Zusammenhänge am Beispiel von *Lebensmitteln* herausarbeite, die ein jeder Mensch ja *täglich* benötigt, ist es aber besser nachvollziebar, wenn ich der Vereinfachung halber *tägliche* Steuerzahlungen unterstelle.

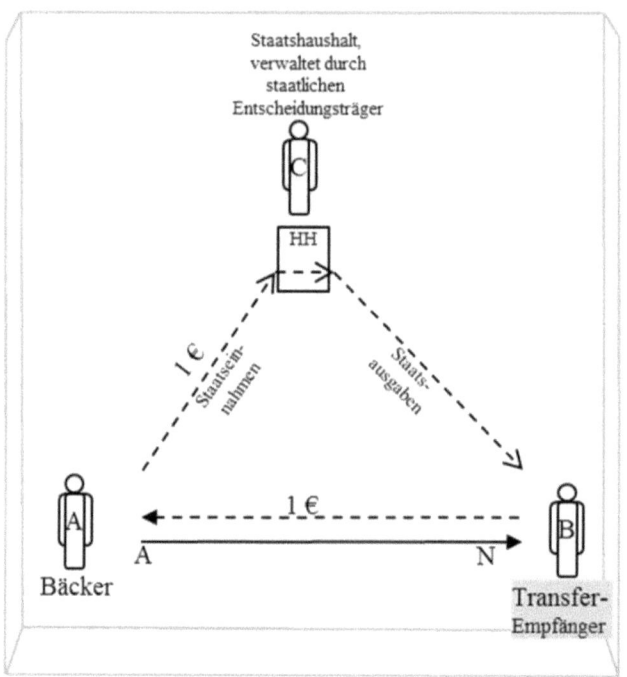

Es ist mir sehr daran gelegen, dies zu verdeutlichen, weil ich sehr stark den Eindruck habe, dass viele Menschen bei Diskussionen über "den Sozialstaat" davon ausgehen, dass es die Institution Staat ist, die Versorgungsempfänger versorgt... und dabei leider übersehen, dass die Institution Staat die Versorgung eben nur *organisiert*, dass aber die eigentliche *Versorgungsleistung* von denjenigen Menschen erbracht wird, die arbeiten. Mir fällt jedenfalls sehr häufig bei Gesprächen im Alltag sowie in Berichten von Medien auf, dass sich Zeitgenossen, von denen ich weiß, dass sie erwerbstätig sind, ein stärkeres Engagement "des Sozialstaats" wünschen, scheinbar ohne sich dabei gewahr zu sein, dass sie *selbst* es sind, die diesen vergrößerten Umfang von Sozialleistungen durch ihre Arbeit zu erbringen haben. Sprich: einen größeren Teil der von ihnen täglich erarbeiteten Produkte bzw. Dienstleistungen abgeben müssten (an Versorgungsempfänger), ohne dafür eine Gegenleistung zu erhalten.

Noch verstärkt wird dieses Fehlverständnis meines Eindrucks nach *dadurch*, dass viele Menschen die Institution "Staat" als etwas sehr *abstraktes* wahrnehmen, als etwas *wenig greifbares*, als etwas, das sehr weit "*weg*" ist vom *eigenen Alltag*, von der *eigenen Lebenswirklichkeit*. Eine Institution, die zudem aus einem Personenkreis namens "*Politikern*" besteht und damit aus einem Personenkreis, der bei vielen Menschen ein nicht allzu gutes Ansehen genießt (Anm.: ich selbst sehe dies deutlich differenzierter). Diese Wahrnehmung scheint es meines Eindrucks nach zu *erleichtern*, eine *Ausweitung* des Sozialstaates gutzuheißen, da es scheinbar eben diese *Politiker* sind, die dafür aufzukommen haben... und man sieht *nicht*, dass man es *selbst* ist, der dadurch belastet werden würde.

Gleichzeitig führt diese eben erwähnte "Abstraktheit" des Staates und damit auch des Sozialstaates meiner Wahrnehmung nach *auch* dazu, dass viele *Empfänger* von Sozialleistungen *unmäßige* Erwartungen an eben diesen Sozialstaat haben. Denn viele von ihnen sehen meines Erachtens nach ähnlich wie oben beschrieben, dass es "der Staat" ist, der ihnen die Sozialleistungen gibt... und *nicht*, dass es die *erwerbstätigen Zeitgenoss*en sind, von denen sie eigentlich die Versorgungsleistungen erhalten. Ich persönlich bin davon überzeugt, dass Empfänger von Sozialleistungen sehr viel bescheidener auftreten würden, wenn wir in sehr viel *kleineren Gemeinschaften* leben würden, wie man es sich bspw. bei archaischen Stammesgesellschaften vorstellt, in denen jeder jeden kennt, wenn nicht sogar miteinander verwandt ist, und keine solch ausgeprägter *Anonymität* zwischen den Menschen herrschen würde wie in modernen Industriegesellschaften. Dann nämlich würden sie erkennen, dass alle Produkte, die sie täglich ge- bzw. verbrauchen, von einem *anderen* Zeitgenossen erarbeitet worden sind.

Auch die Existenz der *Geldwirtschaft* unterstützt diese Abstraktion, die Verschleierung dieses Zusammenhangs. Die Geldwirtschaft führt nämlich dazu, dass A nicht zur Kenntnis nimmt, dass er für B arbeitet, ohne etwas von B dafür zu erhalten. Vielmehr wird er sich *zwar* über die *Steuern ärgern*, die er zu bezahlen hat, aber er wird sich über *das* Geld *freuen*, das er von B erhält. Denn dieses wird er schlicht als Teil seines *Umsatzes* wahrnehmen.

4.3.4   Einkommensorientierte Steuererhebung - Faktum und Problem

Ein gewisses Problem bei der Praxis der Steuererhebung sehe ich darin, dass die Steuer, wie sie von A erhoben wird, *in Abhängigkeit von dessen* Einkommen erhoben wird.

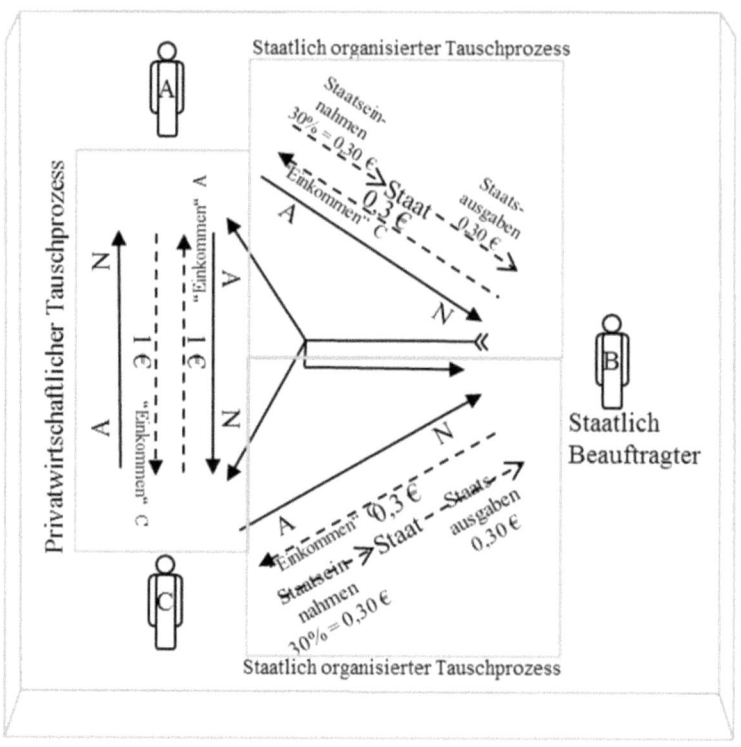

Natürlich ist es mir bewusst, dass diese Vorgehensweise auf dem Prinzip der Leistungsfähigkeit beruht, und dies ist ein sehr sinnvolles Prinzip, um die Belastungen gerecht zu verteilen. Dennoch bleibt ein Problem, welches ich im folgenden beschreiben möchte.

Ich entferne einmal den ohnehin nur virtuell gedachten staatlichen Entscheidungsträger C, um die Komplexität des Modells wieder zu reduzieren, und füge dafür einen *dritten Bürger* hinzu (den ich nun mit C kennzeichne). A und C realisieren nun täglich privat Tauschprozesse miteinander. Also Tauschprozesse, die auf ihren privaten Entscheidungen beruhen und nicht durch staatliche Entscheidungen beeinflusst werden. Abhängig von dem Einkommen, welches sie daraus erzielen, erhebt der Staat die Steuern. Der Begriff des "Einkommens" bezeichnet dabei aber nichts anderes als den *Geldzufluss,* den jeder der beiden im Rahmen dieser Tauschprozesse verzeichnet (als Einkommen des A siehe Pfeile A ←-- C sowie A ←-- B, die an den Pfeilspitzen auch jeweils mit dem Begriff "Einkommen" gekennzeichnet sind; analoges gilt für das Einkommen des C: C ←-- A sowie C ←-- B). Nunmehr wird deutlich, dass das Volumen der Tauschprozesse, die A täglich mit B abwickelt, (auch) *abhängig ist* von den *privatwirtschaftlichen* Tauschprozessen, die A und C täglich miteinander abwickeln. Je größer das Volumen der täglichen Tauschprozesse ist, die A und C miteinander abwickeln, desto mehr Geld wird der Staat in Form von Steuern einziehen - und dem B geben. Und desto mehr Geld wird an A und C *ausgeben* (ich unterstelle wieder einmal, dass B nicht spart). Kurz: je mehr Tauschprozesse A und C privatwirtschaftlich miteinander abwickeln, desto größer wird auch das Volumen der Tauschprozesse zwischen A und B sowie zwischen C und B, die der Staat durch seine Staatseinnahmen und Staatsausgaben anstößt. Wenn also A und C *weniger* Tauschvolumen miteinander abwickeln (aus welchen Gründen auch immer), so *sinkt automatisch* auch das Tauschvolumen *zwischen A und B* und dasjenige zwischen *C und B*. Denn das niedrigere Tauschvolumen zwischen A und C führt dazu, dass wir bei den beiden von einem *geringeren Einkommen* sprechen und der Staat dadurch automatisch *geringere Steuereinnahmen* hat. Und in der Folge auch nur weniger (an B) *ausgeben* kann.

Dass die Erhebung von Steuern nach dem Leistungsprinzip kaum anders möglich ist, ist mir vollkommen klar. Es handelt sich dabei um eines der besten Steuerprinzipien, die aus meiner Sicht vorstellbar sind. Doch möchte ich an dieser Stelle einfach das Bewusstsein dafür schärfen, dass durch dieses Prinzip das Volumen der Tauschprozesse, die *der Staat* organisiert, *beeinflusst*, ja *bestimmt* wird durch das Volumen der *privaten* Tauschprozesse, obwohl diese eigentlich gar nichts miteinander zu tun haben. Und da nun in unserem Modell B ja Aufträge ausführt, die zu einem Nutzen für die *gesamte Gesellschaft* führen, stiftet B der gesamten Gesellschaft umso weniger Nutzen, je weniger privatwirtschaftliche Tauschprozesse A und C miteinander abwickeln. Dies wäre im Grunde nicht notwendig. Denn es wäre ja durchaus vorstellbar (zumindest in der Theorie), dass der Staat von A Geld genau in jenem Umfang einzieht, welches er von B erhält. Im Modell hieße dies, dass der Staat bspw. von A täglich 1 Euro einzieht, ihn B gibt, dieser sich für diesen 1 Euro bei A dessen Produkt kauft, und der Staat am nächsten Tag wieder diesen 1 Euro einzieht. Allerdings funktioniert dies nur in unserem Modell. Nicht in der Realität. Dennoch habe ich mich entschlossen, diese Ausführungen einfach als Gedankenexperiment und als Anregung an dieser Stelle aufzunehmen.

4.3.5 Schuldenfinanzierung staatlicher Aktivitäten

Eine ganz besondere Problematik empfinde ich (wie ich glaube *die meisten* von uns) im Zusammenhang mit der *Schuldenfinanzierung* staatlicher Aktivitäten. Auf Grundlage meiner Überlegungen auf der Basis miniaturisierter Modelle der

"Weltbevölkerung" mit einer überschaubaren Anzahl von Menschen besteht meines Erachtens die Problematik sogar nur in *zweiter* Linie darin, dass mit staatlicher Verschuldung *kommende Generationen* belastet werden. Denn: a) die *Zinsen* müssen *laufend* gezahlt werden, also bei Leibe nicht erst von nächsten Generationen, und b) auch die Laufzeit sehr vieler Schuldtitel beträgt 10 oder 20 Jahre, so das auch die *Tilgung* durchaus von den Zeitgenossen unserer *eigenen* Generation bezahlt werden muss. Damit will ich natürlich *nicht* dem Argument widersprechen, dass auch die zukünftigen Generationen damit belastet werden. Aber sie werden eben "lediglich" *auch* und nicht etwa *ausschließlich* belastet. Sondern ein sehr großer Teil der Belastung betrifft eben noch die aktuelle Generation. Ich fürchte ein wenig, dass mit diesem Argument der Belastung kommender Generationen entweder das von mir im folgenden herausgearbeitete Problem *verschleiert* werden soll, oder dass viele Menschen, die dieses Argument in der öffentlichen Diskussion vertreten, es tatsächlich nicht besser *wissen*. Wenn meine Befürchtung zutrifft, dass es *verschleiert* werden soll, könnte dies evtl. daran liegen, dass die Problematik, die ich im folgenden herausarbeiten werde, die derzeitige Generation betrifft. Und damit die derzeitigen Wähler, auf deren Stimmen Politiker bekanntlich angewiesen sind. Und die Warnung, dass künftige Generationen betroffen sein würden, ist meiner Einschätzung nach ein relativ "*komfortables*" Argument: denn man kann sich damit als "*verantwortungsvoll*" präsentieren, weil *vorausschauend*, und gleichzeitig sind meiner Wahrnehmung nach den meisten von uns doch kommende Generationen *nicht* wirklich ganz so wichtig wie unsere eigene Gegenwart. Dies bis hierher einmal zur Hinführung.

Ich bediene mich eines 2-Personen-Modells mit Staat.

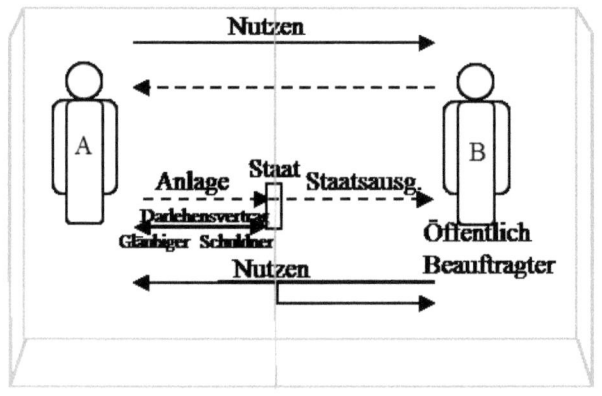

- - - ▶   Geldbewegungen (Zahlungen)

Die Personen bezeichne ich als A und B. Den Staat stelle ich lediglich als (anonyme) *Institution* dar, d.h. *nicht* in Form eines Menschen, der einen staatlichen Entscheidungsträger repräsentieren würde. A plant, Geld, für welches er sich im Moment nichts kaufen möchte, anzulegen, um dafür Zinsen zu bekommen. Der Staat, z.B. die Bundesrepublik Deutschland, hat zur gleichen Zeit entschieden, B einen Auftrag zu erteilen (z.B. den Bau einer Bundesautobahn) und ihm dafür mit Geld zu bezahlen, welches er, der Staat, durch Aufnahme von Schulden zu finanzieren gedenkt, weil die laufenden Steuereinnahmen nicht dazu ausreichen. Aus bestimmten Gründen entscheidet er sich dafür, das Geld in *Bundesschuldverschreibungen* anzulegen (möglicherweise deswegen, weil der Staat für diese Bundesschuldverschreibungen einen höheren Zins anbietet als andere Emittenten, oder weil A die Geldanlage beim Staat als *sicherer* empfindet als bei anderen Emittenten).

So also treffen zwei zueinander passende Pläne aufeinander - allerdings nur *vermeintlich* passende Pläne, wie ich glaube zeigen zu können: A möchte sein Geld *anlegen*, und zwar beim *Staat*, und der Staat möchte Schulden *aufnehmen*. Die beiden realisieren also ihre Pläne und schließen einen *Vertrag* miteinander. Einen *Darlehensvertrag* (Doppelpfeil A ↔ Staat, gekennzeichnet mit "Darlehensvertrag"). A ist nunmehr also Gläubiger geworden (Gläubiger des Staates), und der Staat Schuldner (Schuldner gegenüber A). Siehe bitte die entsprechenden Beschriftungen in der Grafik. A gibt daraufhin das Geld dem Staat (Pfeil A ⋯→ Staat; in der Realität konkret: er kauft Bundesschuldverschreibungen bei einer Bank, die anschließend von der Bundesschuldenverwaltung in Bad Homburg bei Frankfurt am Main verwaltet werden). Über dieses Geld kann der Staat nun also verfügen. Und A besitzt diese Wertpapiere, die ihm jährlich Zinsen erbringen und nach Ablauf der Laufzeit zurückgezahlt werden. Der Staat beauftragten wie geplant B mit bestimmten Arbeiten, im Beispiel mit dem Bau einer Bundesautobahn. B führt diesen Auftrag aus und schafft damit einen "öffentlichen Nutzen" mit dem sich A und/oder auch B selbst ein Bedürfnis stillen können, nämlich das Bedürfnis, von einem Ort X zu einem Ort Y zu fahren, die durch diese Autobahn miteinander verbunden sind - *wenn* sie diese Autobahn befahren d.h. in Anspruch nehmen wollen (Pfeil A ← B sowie ↪B). Dafür, dass er, B, diesen Auftrag ausführt, gibt der Staat ihm das Geld (Pfeil A --→ B).

Der Vollständigkeit halber will ich noch erwähnen, dass in diesem 2-Personen-Modellen B sich mit dem verdienten Geld etwas von A kauft, also sich von A ein Bedürfnis stillen lässt (Pfeil A → B) und ihm dafür das Geld gibt (Pfeil A ←-- B).

Die zentrale Problematik betrifft meiner Einschätzung nach also wie gesagt so sehr künftige Generationen sondern vielmehr

a) *denjenigen* Bürger selbst, der sein Geld *anlegen* möchte (beim Staat), und auch
b) *denjenigen* selbst, dem der Staat dieses Geld *gibt* - verbunden mit einem Auftrag, eine bestimmte Arbeit zu verrichten.

Diese beiden erleiden einen gravierenden Nachteil - dessen sich meiner Wahrnehmung nach die wenigsten Menschen bewusst zu sein scheinen.

Die Problematik dabei:

- der *Anleger* A geht davon aus, dass er sein Geld a) *verzinst* und b) am Ende der Laufzeit *zurückgezahlt* bekommt,
- der *öffentlich Beauftragte B* hingegen hat sich das Geld durch seine Arbeit *verdient*.

Durch diese Schuldenfinanzierung staatlicher Ausgaben entsteht zwischen A und B, also zwischen dem Geber und Empfänger des Geldes, eine Beziehung, die im Grunde genommen *paradox* ist. Für die Zahlung der Zinsen und Tilgung hat dies denn auch *sehr problematische Folgen*.

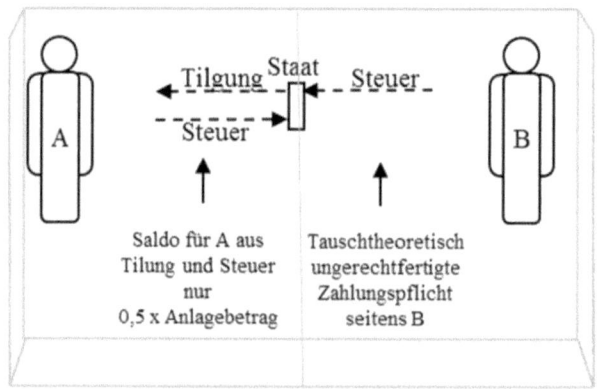

- -> Geldbewegungen (Zahlungen)

Da der Staat Zins und Tilgung von den Steuerbürgern einzieht, muss A einen Teil der Zinsen und der Tilgung zuvor *selbst* dem Staat bezahlen, und B muss ebenfalls einen Teil der Zinsen und der Tilgung dem Staat bezahlen, *obwohl* er für den Erhalt des Geldes *gearbeitet hat*. Beides erscheint mir vollkommen abstrus und ungerecht.

Noch etwas *deutlicher* werden diese Ungerechtigkeiten erkennbar, wenn man sich einmal die Bewegung *einer bestimmten Geldeinheit* anschaut. Wenn man annehmen würde, dass in dieser Gesellschaft eine Geldmenge von nur einer einzigen Geldeinheit (z.B. einem einzigen Euro) verwendet wird.

Wenn sich die Geldeinheit kurz vor dem Tilgungstermin bei A (!) befindet,

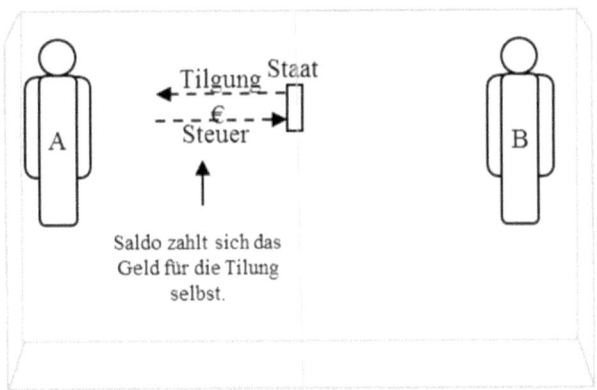

bedeutet dies, dass sich A sie zuletzt verdient hat. Indem er B ein Bedürfnis gestillt hat durch seine Arbeit. Wenn der Staat die Geldeinheit also von ihm einzieht, um ihm sein Guthaben zurückzuzahlen, dann bedeutet dies *per Saldo*, dass der Staat das Guthaben *einfach löscht*. In diesem Fall hat die Zahlung im Zeitpunkt der (vermeintlichen) Geldanlage t_A de facto den gleichen Charakter wie eine Steuerzahlung. Denn A gibt dem B das Geld (organisiert durch den Staat), *ohne* es zum Zeitpunkt der Tilgung t_T automatisch wieder zurückzuerhalten (ohne für den Erhalt arbeiten zu müssen).

Wüsste A um diese Tatsache, wäre er sicher nicht bereit, sein Geld beim Staat anzulegen. Denn es macht natürlich überhaupt keinen Sinn, Geld auszuleihen, wenn man weiß, dass man es nicht mehr zurück erhält.

Wenn sich die Geldeinheit kurz vor dem Tilgungstermin bei B (!) befindet,

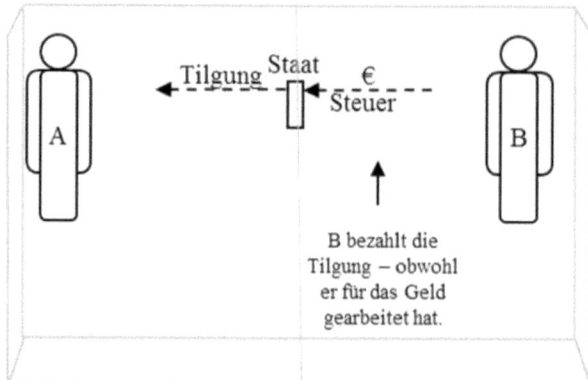

bedeutet dies, dass sich B sie zuletzt verdient hat. Indem er B ein Bedürfnis gestillt hat durch seine Arbeit. Wenn der Staat sie also von ihm, B, einzieht, um A sein Guthaben zurückzuzahlen, dann bedeutet dies, dass er dem A das Geld (zurück-) geben muss, obwohl er für den Erhalt dieses Geldes gearbeitet hat.

Wüsste B um diese Tatsache, wäre er sicher nicht bereit, sich vom Staat beauftragen zu lassen. Denn er würde natürlich *überhaupt keinen Sinn* darin sehen, dieser Erwerbstätigkeit nachzugehen, wenn er davon ausgehen muss, dass er das Geld, welches er dafür erhält, wieder zurückzahlen muss.

Ich fürchte, dass Politiker, die für eine Schuldenfinanzierung von Staatsausgaben eintreten, dies *entweder* a) tun, weil sie selbst diese Zusammenhänge nicht sehen, oder b) weil sie in der Gesellschaft den Eindruck vermitteln wollen, dass sie gewünschte Aufgaben erfolgreich organisieren - und sich darauf verlassen können, dass weder A noch B diese Zusammenhänge erkennen … und die Vorgehensweise der entsprechenden politischen Entscheidungsträger daher auch *nicht* sanktionieren oder schlimmstenfalls Staatsverschuldung *falsch* finden. Doch wenn sie erkennen würden, dass sie um ihr wohlverdientes Geld gebracht werden, würden sie es sicherlich nicht nur dabei belassen, es als "falsch" zu empfinden, sondern sie wären schlichtweg *nicht bereit*, sich so zu verhalten wie oben aufgeführt. D.h. A würde sein Geld nicht (vermeintlich) beim Staat "*anlegen*", und B würde nicht für den Staat arbeiten.

4.4   Sparen

Sie werden sich ganz sicher wundern, dass ich dem Sparen ein Kapitel widme. Denn das Phänomen des Sparens ist ein Phänomen, welches *jedem* Menschen vollkommen *vertraut* ist. Man verdient Geld, und man gibt nicht das gesamte verdiente Geld sofort wieder aus, sondern man behält es einfach auf dem Girokonto, legt es als Tagesgeld an oder als Festgeld oder auch in dem man festverzinsliche Wertpapiere oder Aktien kauft, in seltenen Fällen deponiert man es in Form von Bargeld zuhause an einem sicheren Ort (Spardose, Tresor). Selbst in den Wirtschaftswissenschaften wird das Phänomen des Sparens nicht sehr viel tiefergehender untersucht.

Durch meine Arbeit mit miniaturisierten Modellen der Weltwirtschaft mit einer sehr kleinen Anzahl von Personen, z.B. lediglich 10, die ich als Weltbevölkerung verstehen, bzw. mit Modellen einer *Insel*, auf der nur eine ebenso überschaubare Anzahl von Menschen lebt (und die keine Verbindung zur Außenwelt hat), glaube ich erkannt zu haben, dass es rund um den Begriff des Sparens weit mehr Fragen zu klären gilt, als dies den meisten von uns bewusst sein mag. Und dies sind durchaus auch Fragen, die einen Einfluss auf die *Konjunktur* haben. Um es vorweg zu nehmen: meiner Erkenntnis nach ist es sehr wichtig, verschiedene *Formen* des Sparens zu differenzieren, und *bestimmte* Formen führen zu Wirtschaftskrisen. Und damit zu wirtschaftlichen Situationen, die für alle von uns große Probleme mit sich bringen können.

4.4.1   Sparen im Sinne des *Aufbewahrens* von Geld

Das Phänomen des Sparens lässt sich bereits in einem Modell mit nur zwei Personen darstellen. In einem solchen Modell müssen wir natürlich davon ausgehen, dass diese beiden Personen, A und B, lediglich existenzielle Grundbedürfnisse stillen können. Denn einer Person alleine oder auch zwei Personen ist es naturgemäß gänzlich *unmöglich*, *komplexere* Produkte oder gar hochkomplexe Produkte herzustellen (wie z.B. Autos). Daher nehmen wir einmal an, dass die beiden jeden Tag etwas zu essen und etwas zu trinken brauchen. Nicht mehr. Brot zum Essen und Getränke zum Stillen ihres Durstes. Und lassen Sie uns bitte weiter annehmen, dass die beiden *Arbeitsteilung* vereinbaren. Arbeitsteilung der Gestalt, dass A sich auf die Herstellung von Brot spezialisiert und B auf die Herstellung von Getränken (er z.B. beschafft Wasser und/oder sammelt Früchte, um diese auszupressen). Jeder der beiden stellt dabei täglich eine Menge her, die für *beide* ausreicht. So das jeder einen *Teil*, nehmen wir an genau die *Hälfte*, der von ihm produzierten Menge mit dem jeweils anderen gegen dessen Produkt *tauschen* kann.

Ich führe nun eine Geldmenge von 2 Euro ein und gebe jedem der beiden Zeitgenossen jeweils 1 Euro.

Wir befinden uns im Jahr 1 und am Tag 1 der Simulation. A arbeitet nun (für B). In der Realität würden wir sagen: "um Geld zu verdienen". Er plant allerdings, dieses Geld zu *sparen* und es also nicht (gleich) wieder auszugeben, sich bei B also nicht gleich wieder etwas dafür zu kaufen. Die Formulierung "sich bei B nicht gleich wieder etwas dafür zu kaufen" bedeutet übrigens: sich (irgendwann) *später* etwas bei B zu kaufen. Denn natürlich wird A nicht für B arbeiten, *ohne* eine Gegenleistung dafür haben zu wollen. Sparen heißt also lediglich, diese Gegenleistung nicht *sofort* sondern zu einem *späteren* Zeitpunkt erhalten zu wollen.

Jahr 1
Tag 1
Transaktion

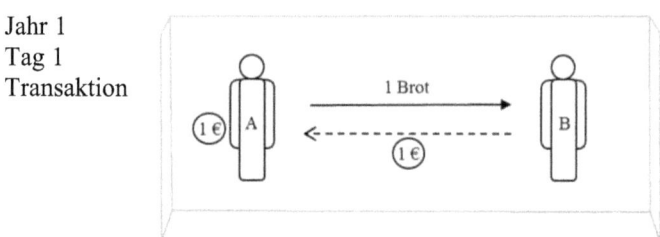

Das Ergebnis dieser Transaktionen ist folgendes: A besitzt nun also 2 Euro, und er hat seinen Hunger gestillt, da er ja selbst Brote hergestellt hat. Und B konnte seinen Hunger stillen durch das Brot, welches er von A erhalten hat, und seinen Durst durch die Getränke, die er selbst produziert hat. Außerdem ist festzustellen, dass er kein Geld mehr besitzt.

Wenn wir uns kurz einmal *ausschließlich* darauf konzentrieren, was die *Transaktion* zwischen den beiden bewirkt hat, also den Teil der *Selbstversorgung* für einen Moment *außer Acht* lassen, dann können wir als Ergebnis feststellen, dass A *gearbeitet* hat, aber seinen Durst *nicht* stillen konnte, und dass B seinen Hunger stillen konnte, obwohl er nicht für A gearbeitet hat. (Während bei *gewöhnlichen, vollständigen* Tauschprozessen *beide* gearbeitet haben und *beide* sowohl ihren Hunger als auch ihren Durst gestillt haben.)

Anmerkung: In der Realität könnte A natürlich nicht überleben, ohne täglich etwas zu trinken. Dies bitte ich der Vereinfachung halber hinzunehmen.

Das Bemerkenswerte an dieser Situation ist: A besitzt mit diesen 2 Euro die *gesamte* Geldmenge. Eine solche Situation ist in der Realität *undenkbar*. Kein Mensch wird jemals die gesamte Geldmenge eines Landes besitzen. *Im Modell* kann ich aber gerade mit dieser Darstellung wunderbar aufzeigen, worin das Wesen des Sparens besteht und welche Folgen es mit sich bringt. Dieses Verhalten von A führt nämlich dazu, dass B *keine Möglichkeit* mehr hat, sich diesen Euro wieder "zurück" zu verdienen. Damit hat aber auch A keine Möglichkeit mehr, ihn (am *nächsten* Tag) *abermals* von B zu verdienen. Dem Vorgang des Sparens ist damit ein Ende gesetzt. In der Realität würde dies bedeuten: die Wirtschaft ist zum Erliegen gekommen.

Jahr 1
Tag 2

So lange A das Geld zurückbehält geschieht *nichts* mehr.

Jahr 1
Tag 3

etc. ...

Jahr 2
Tag 1

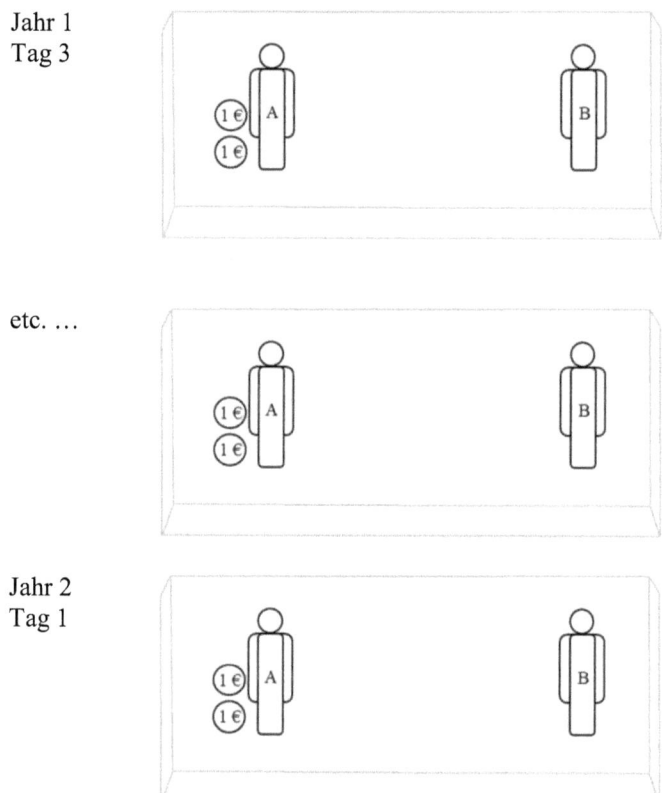

A kann jeden Tag nur noch etwas essen, denn er ist ja auf das Herstellen von Broten spezialisiert, aber hat nichts mehr zu trinken. B kann analog dazu jeden Tag nur noch die von ihm selbst hergestellten Getränke trinken, hat aber nichts mehr zu essen. Ich stelle hier einmal dar, dass A 5 Jahre lang spart. (Erst) am Tag 1 des Jahres 5 möchte sich A für das gesparte Geld Getränke kaufen (bei B). B liefert A 1 Liter Getränk und verdient sich damit den 1 Euro wieder zurück.

Jahr 5
Tag 1

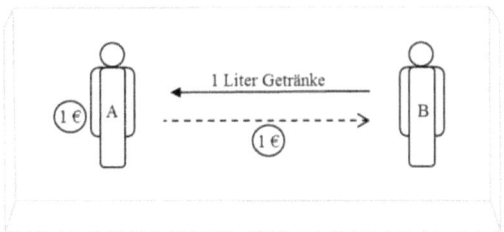

Das Ergebnis: *Jetzt* erst ist die Gegenleistung erbracht. D.h. jetzt erst ist der Tauschprozess (A ⇆ B) *vollständig*, sprich: *abgeschlossen*. A hat B ein Brot geliefert, mit dem dieser seinen Hunger stillen konnte, und B hat A ein Getränke geliefert, mit dem dieser seinen Durst löschen konnte. Die Gegenleistung (Getränke) konnte B allerdings erst mit einer Verzögerung von 5 Jahren nach der Leistung des A erbringen! Ich spreche in diesem Zusammenhang gerne von einem *asynchronen* Tauschprozess. Während bei einem "normalen", *synchronen* Tauschprozess *beide* Leistungen zeitlich sehr eng beieinander liegen, sprich: die Gegenleistung sehr zeitnah auf die Erstleistung erfolgt, im Grunde noch am selben Tag, wird sie bei einem asynchronen Tauschprozess deutlich *später* erbracht.

Die aus meiner Sicht zentrale Folge des Verhaltens von A ist: Jetzt ist die Geldmenge wieder gleich verteilt. D.h. jetzt besitzt B wieder die Geldeinheit, die er am Ausgangspunkt der Simulation besessen hatte. J*etzt* erst kann sich B wieder etwas von A kaufen.

Das Fazit, welches ich aus dieser Simulation für mich gezogen habe, ist, dass ein Sparer, im Beispiel: A, mit der Einbehaltung eine Geldeinheit, die er sich einmal verdient hat, damit zwar tatsächlich sein Ziel erreicht, sich die Gegenleistung erst zu einem späteren Zeitpunkt erbringen zu lassen. Dass er damit aber gleichzeitig das Zu-Stande-Kommen *weiterer* Tauschprozesse *verhindert*.

Und damit verhindert er sogar, dass auch er in Zukunft weiter sparen kann. Übertragen auf die Realität bedeutet dies meines Erachtens nach, dass Sparen im Sinne des schlichten Einbehaltenes von Bargeld zu einer Wirtschaftskrise führt.

4.4.2 Sparen im Sinne des *Anlegens* von Geld

In der Realität verstehen die meisten Menschen aber unter "Sparen" nicht nur Sparen im engeren Sinne, also das *Einbehalten* von Geld, sondern das, was wir gemeinhin gerne als "*Anlegen*" des behaltenen Geldes bezeichnen. Auch *Wirtschaftswissenschaftler* verstehen unter Sparen in aller Regel de facto *Anlegen*.

Im Zuge der Arbeiten mit solchen Modellen und Simulationen, wie ich sie diesem Buch generell zu Grunde gelegt habe bin ich zu der Haltung gelangt, dass es sehr wichtig ist, bei dem Prozess, der aus Sparen und Anlegen besteht, zu unterscheiden, ob der Sparer für eine größere *Anschaffung* spart oder für "schlechtere Zeiten". Der große Unterschied zwischen diesen beiden Formen besteht darin, dass derjenige Sparer, der für eine größere Anschaffung spart, das gesparte Geld *sofort dann* ausgibt, sobald er diese Anschaffung realisiert. Wir sprechen hier also in aller Regel erfahrungsgemäß von einem Zeitraum von einigen Monaten bis möglicherweise auch wenigen Jahren. (Abgesehen vielleicht von dem Thema Hausbau, bei dem man über lange Jahre spart.) Derjenige Sparer hingegen, der für "schlechtere Zeiten" spart und angelegt, wird dieses Geld evtl. erst nach einer *sehr langen* Zeitspanne wieder ausgeben. Einer sehr langen Zeitspanne, die Jahre und vielleicht sogar Jahrzehnte andauern kann. Dieser Unterschied ist meines Eindrucks nach sehr wesentlich im Hinblick auf die *Folgen für die Konjunktur*, wie ich im Folgenden zu zeigen versuchen will.

4.4.3 Sparen (und Anlegen) für eine größere Anschaffung

Wenn ein Sparer gespartes Geld *anlegen* möchte, setzt dies voraus, dass ein anderer Mensch sich Geld *leihen* möchte. In der Realität ist dies in aller Regel ein Unternehmer. Die Summe aller *Konsumentenkredite* ist gegenüber Unternehmenskrediten vergleichsweise eher *gering*. Dass auch *Staaten* sich Geld leihen, möchte ich an dieser Stelle *aussparen*, weil ich in der Kreditaufnahme von Staaten eine Problematik sehe.[31] Jedenfalls: Geld anzulegen setzt voraus, dass sich jemand *anderes* (dieses) Geld *leihen* möchte. Und wenn es sich dabei

---

[31] Siehe 4.3.5.

um ein Unternehmen handelt, tut er dies häufig, um die Herstellung von Produkten *"vorzufinanzieren"*.

Ich stelle dies wieder in einem Modell mit 2 Personen und einer Geldmenge von 2 Euro dar.

Tag 1: A stellt für B ein Brot her und verkauft es dem B für 1 Euro (Pfeile A → B und A ←-- B). Natürlich stellt er auch für sich selbst ein Brot her; diese Tatsache möchte ich in diesem Modell aber der Vereinfachung halber vernachlässigen. Er bestellt nun bei B ein *Möbelstück*. Dieses Möbelstück ist in der Herstellung natürlich wesentlich *aufwändiger* als ein Brot. D.h. B benötigt dafür 10 Tage, wie ich einmal annehmen möchte. B stellt an diesem Tag 1 also die ersten 10% der Gegenleistung (Möbelstück) her.

Tag 1

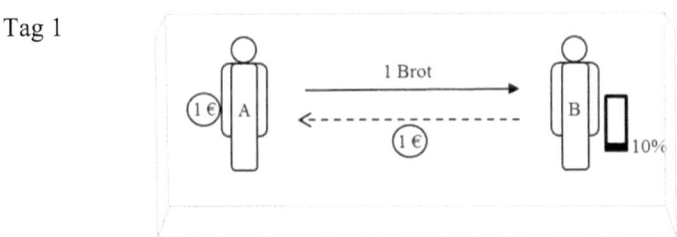

Das Ergebnis: die beiden Euros, also die gesamte Geldmenge, befinden sich im Besitz von A, beide haben ihren Hunger gestillt, A durch den Verzehr des von ihm selbst hergestellten Brotes, B durch den Verzehr des Brotes, welches er von A gekauft hat. Und B hat die ersten 10 % des Möbelstücks gefertigt. In der Grafik habe ich dies angedeutet durch das kleine Rechteck, das an einen "Ladebalken" am Computer erinnern mag. Das große weiße Rechteck (□) steht für das Arbeitsvolumen, welches schlussendlich das fertige Möbelstück repräsentieren wird (also 100 %), der starke Strich am unteren Ende dieser Graphik, ähnlich eines "Ladebalkens" beim PC, soll die ersten 10 % der Fertigstellung markieren.

Bevor ich diese Simulation fortsetze, eine kleine aber wichtige Anmerkung: da sich nun wie gesagt die gesamten vorhandenen Geldeinheiten im Besitz des A befinden und B also *keine* mehr besitzt, hat B zunächst einmal *keine* Möglichkeit mehr, sich am nächsten Tag erneut ein Brot von A zu kaufen. Weitere Transaktionen an kommenden Tagen wären damit nicht mehr möglich. Diese Situation wird derjenigen ähneln, die ich im vorigen Kapitel beschrieben habe, in der ich auf das "reine" Sparen im Sinne eines einfachen Einbehaltens von Geld eingegangen bin.

A "legt" nun aber das erworbene Geld "an": in diesem 2-Personen-Modell bedeutet dies: er gibt es B (zurück), Pfeil A ‑> B. Er gibt es ihm aber *nicht* im Rahmen eines *Kaufs* zurück, sondern im Rahmen eines *Darlehensvertrags*, den er mit ihm gleichzeitig abschließt (Doppelpfeil A ↔ B mit der Beschriftung "Darlehensvertrag").

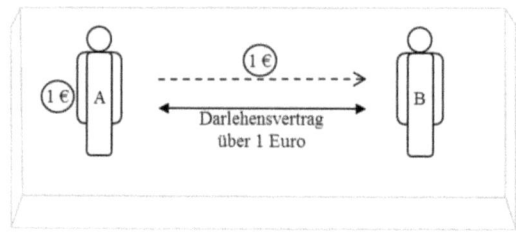

A hat nun ein *Guthaben* in Höhe eines (1) Euros (gegenüber B), und gleichzeitig hat logischerweise B *Schulden* in derselben Höhe (bei A). Aber: dafür besitzt B auch wieder 1 Euro.

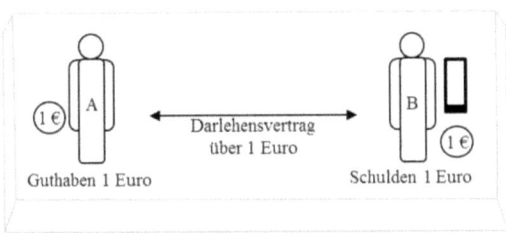

In der *Realität* würde ein Gläubiger (im Modell: A) sein Geld fast immer bei einer *Bank* anlegen (und nicht unmittelbar beim Kreditnehmer), ein Schuldner (im Modell: B) einen Kredit fast immer bei einer Bank aufnehmen (und nicht unmittelbar beim Gläubiger). Daher wird Ihnen diese Darstellung eher *befremdlich* erscheinen. Denn man hat ein Guthaben bei einer Bank, und man hat auch Schulden bei einer Bank. Ich müsste das Modell daher eigentlich (mindestens) um eine Person erweitern, z.B. um den Inhaber einer "1-Personen-Bank", der das Unternehmen "Bank" repräsentiert, welches in der Realität ja oft *Tausende* von Mitarbeitern umfasst. A würde die Geldeinheit also dem Bankier geben, und zwar auf der Basis eines Darlehensvertrags, den er mit ihm zeitgleich abschließt.

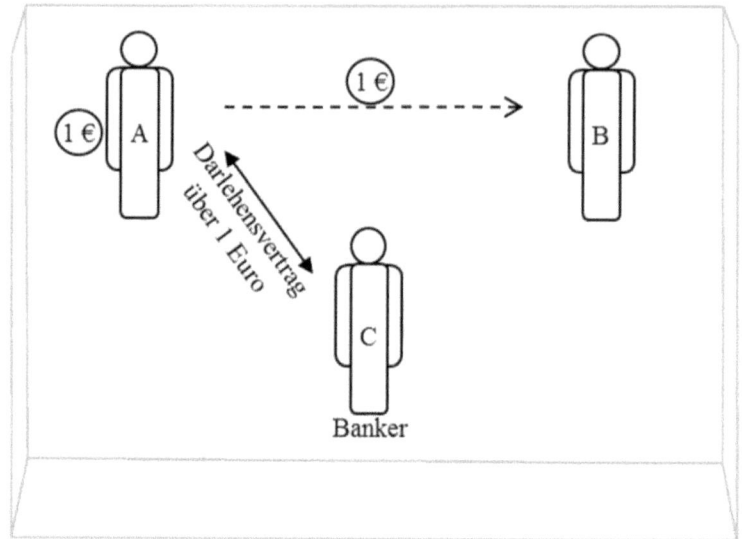

Der Bankier wäre dazu allerdings nur dann bereit, wenn sie sie Möglichkeit sieht, diese Geldeinheit *ihrerseits auszuleihen* (um damit Zinsen zu verdienen – die wir allerdings vereinfachungshalber hier außer Acht lassen wollen, da es uns an dieser Stelle nur auf die Darlehensbeziehung ankommt). Diese Möglichkeit wäre in unserem Modell tatsächlich gegeben, denn B ist ja an einem Kredit interessiert. Also gibt der Bankier die Geldeinheit dem C, und zwar ebenfalls auf der Basis eines Darlehensvertrags, den er mit ihm zeitgleich abschließt.

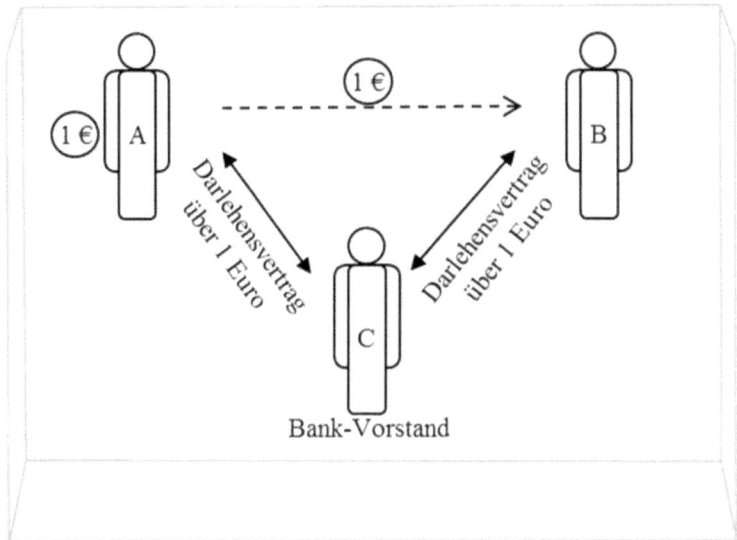

Mit *dieser* Darstellung würden wir dieses Modell aber nur unnötigerweise komplex gestalten (nämlich ein 3-Personen-Modell zu verwenden anstatt uns mit einem 2-Personen-Modell zu begnügen). Denn: tatsächlich ist eine Bank immer nur ein *Vermittler*, ein so genannter "Intermediär", ein "Finanzintermediär". *Schlussendlich* besteht eine Guthaben-Schulden-Beziehung stets zwischen einem Menschen A, der Geldeinheiten, die sich in seinem Besitz befinden, "*anlegen*" möchte, und einen *anderen* Menschen B, der daran interessiert ist, Geldeinheiten zu *erhalten,* ohne dafür dem A bereits eine Gegenleistung erbracht zu haben, also eben auf der Basis eines *Darlehensvertrags*. Um die Komplexität des Modells so gering wie möglich zu halten und es nur so komplex wie unbedingt notwendig zu machen, möchte ich daher auf die Darstellung des "Bankiers" *verzichten* und eine Darlehensbeziehung *direkt* zwischen A und B darstellen.

Tag 2: A stellt für B erneut ein Brot her, welches er diesem für 1 Euro verkauft (und natürlich für sich selbst auch eines). B stellt die *zweiten* 10% der Gegenleistung (Möbelstück) her. Sie sehen in der Grafik jetzt, dass der "Ladebalken", der den Fortschritt bei der Herstellung des Möbelstücks darstellen soll, nun bei *20 %* steht.

Tag 2

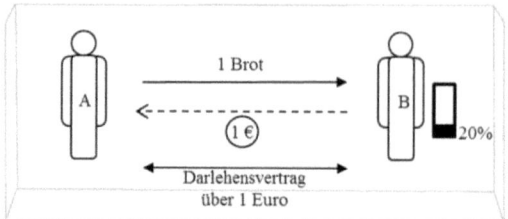

Die gesamte Geldmenge befindet sich damit wieder in Besitz des A. Und B hat nun _20_ % des Möbelstücks gefertigt.

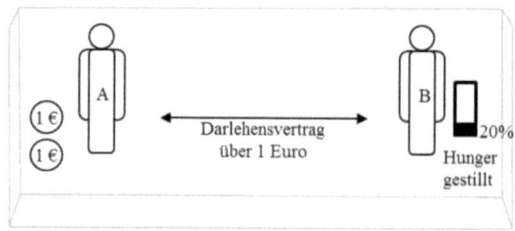

A "legt" auch das *erneut* erworbene Geld "an": er gibt es wiederum B (zurück), aber auch diesmal nicht im Rahmen eines Kaufs, sondern gegen eine *Aufstockung* des Darlehensvertrag um 1 auf 2 Euro.

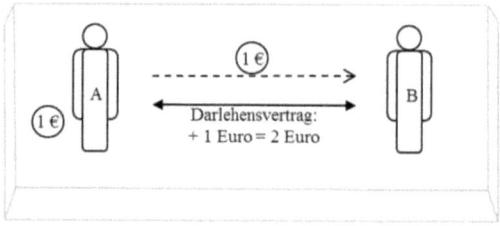

Nun hat A ein Guthaben von 2 Euro (gegenüber B) und B logischerweise Schulden in gleicher Höhe bei A.

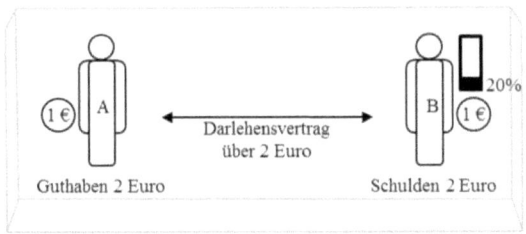

Dies setzen die beiden fort, so lang bis B das Möbelstück fertiggestellt hat.

Ich setze diese Simulation bei Tag 9 fort: A stellt für B ein Brot her und verkauft es diesem für 1 Euro. B stellt die neunten 10% der Gegenleistung (Möbelstück) her.

Tag 9

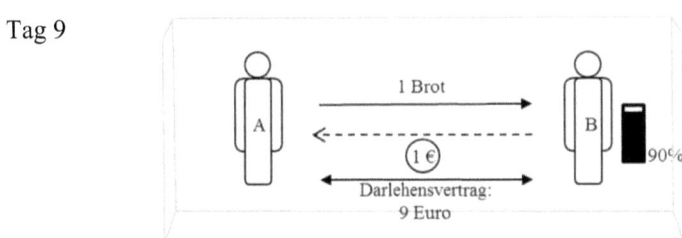

Am Tag 10 schließlich stellt B die letzten 10 % des Möbelstücks her. Er stellt das Möbelstück damit *fertig*. Und er liefert es an A. Und er verlangt dafür von diesem 10 Euro. A bezahlt durch die Übergabe seines Guthabens. Denn er ist ja nunmehr im Besitz eines Guthabens von 10 Euro (als Gläubiger des Darlehensvertrags). Die Übergabe seines Guthabens bedeutet nichts anderes, als dass damit das Guthaben-Schulden-Verhältnis zwischen den beiden *aufgelöst* wird.

Tag 10

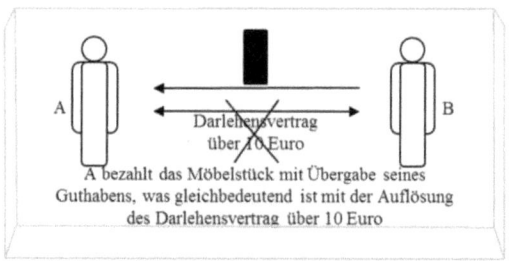

Die oben beschriebenen Geldübergabehandlungen ohne Gegenleistung und auf der Basis eines Darlehensvertrages (jeweils Pfeile A --> B), die umgangssprachlich gerne mit dem Begriff "Geldanlage" belegt werden, ermöglichen es also, einen Tauschprozess zwischen zwei Zeitgenossen zu vereinbaren, deren Produkte *unterschiedlich aufwändig* in der Herstellung sind. Da in der Realität die allermeisten Produkte, die wir für einander herstellen, unterschiedlich aufwändig herzustellen sind, ja *sehr* unterschiedlich aufwändig, halte ich *diese* Form des Sparens und Anlegens fütr unabdingbar. Übertragen auf die Realität sehe ich darin dasjenige Phänomen, welches wir umgangssprachlich gerne als "Vorfinanzierung" bezeichnen. In der Realität wäre B also derjenige, der seine Möbelproduktion durch den Kredit *vorfinanzieren* würde. Ich selbst spreche im Modell lieber (erneut) von einem *asynchronen Tauschprozess*. Denn beide, A und B, vereinbaren (im Modell) einen Tauschprozess. Einen Tauschprozess, der darin besteht, dass beide für einander arbeiten. Und beide den jeweils anderen durch ihre Arbeit ein Bedürfnis stillen. Doch erhält A sein Bedürfnis nach dem Möbelstück erst am Tag 10 der Simulation gestillt, während er dem B dessen Bedürfnis nach Broten bis dahin täglich stillt.

Zentral dabei: Sparen und Anlegen sind ein zentraler Bestandteil des Systems Wirtschaft - allerdings nur unter der Voraussetzung, dass der Sparer und Anleger (hier also A) nur spart mit dem Ziel einer *Anschaffung* und diese Anschaffung nach der Fertigstellung auch tatsächlich kauft. *Tätigt* er diesen Kauf *nicht*, dann wird sein Sparverhalten zu einem Erliegen der Tauschprozesse führen, wie ich es im vorigen Abschnitt (Sparen) dargestellt habe.

4.4.4   Sparen und Anlegen für "schlechtere Zeiten" oder für das Alter

Wenn ich nun Sparen und Anlegen möchte, aber nicht mit dem Ziel, in Kürze eine größere Anschaffung zu tätigen, sondern um für "schlechtere Zeiten" vorzusorgen oder für das Alter, dann sehe ich die Gefahr, dass

- der Sparer und Anleger dieses Ziel nicht erreicht,
- dieses Verhalten der Konjunktur sehr schadet,
- dies nur funktioniert, wenn es Zeitgenossen gibt, die bereit sind, sich zu *verschulden*, denn zu jedem Guthaben gehört "auf der anderen Seite" ein *Schuldner*.

Um dies zu erläutern, stelle ich den Vorgang erneut in einem 2-Personen-Modell (der Weltwirtschaft) dar. Wir haben also wieder 2 Personen, A und B, und ich statte dieses Modell wieder mit einer Geldmenge von 2 Euro aus, indem ich jedem der beiden jeweils 1 Euro gebe.

B kauft sich eine Leistung von A, um sich damit ein Bedürfnis stillen zu lassen. A ist dazu gerne bereit und arbeitet nun für B und stiftet ihm dadurch einen Nutzen, stillt ihm dadurch ein Bedürfnis. Und B gibt ihm dafür seine Geldeinheit, seinen Euro. Was B allerdings *nicht* weiß, ist: A ist *nicht* bereit, anschließend, sagen wir: etwas später am selben Tag, seinerseits bei B etwas zu kaufen. D.h. er, A, gibt ihm, B, nicht die Möglichkeit, sich diese Geldeinheit am selben Tag "zurückzuverdienen". Wir wollen aber einmal davon ausgehen, dass es durchaus die *Absicht* B's war, selbst ebenfalls Geld zu verdienen, was nichts anderes bedeutet als für A zu arbeiten, um von diesem die Geldeinheit wieder zurückzuerhalten, wie man an diesem miniaturisierten Modell sehr schön sehen kann. A vielmehr plant, das eingenommene Geld zu *sparen*. Und zwar für das Alter zu sparen. Und er plant, es nicht nur zu sparen im Sinne eines Behaltens, sonder er beabsichtigt darüber hinaus, es *anzulegen*. D.h. wie wir alle wissen: es jemandem bis auf weiteres zu geben, um von diesem Zinsen dafür zu erhalten. Umgangssprachlich sagen viele Leute gerne, "das Geld arbeiten zu lassen", was vollkommener Unsinn ist, denn es sind *stets Menschen*, die Zinsen erarbeiten, und durch den Ausdruck "Geld arbeiten zu lassen" entsteht ein Fehlverständnis bei vielen Menschen, welches ich für sehr problematisch halte. Aber das nur nebenbei. *Anlegen* kann A sein Geld in *diesem* Modell *nur bei B*. Denn einen *anderen* Zeitgenossen gibt es in diesem Modell nicht. Was bedeutet "Anlage" dann: es bedeutet, dass A das eingenommene Geld dem B gibt, quasi wieder zurück gibt, in diesem Fall aber nicht dadurch, dass er etwas bei B kauft, ihm das Geld also gegen eine Leistung gibt, sondern auf der Basis eines *Darlehensvertrags*, den er mit ihm abschließt.

Diese Darstellungsweise wird Sie vermutlich wiederum etwas *wundern*. Denn die meisten von uns dürften den Vorgang der Geldanlage dergestalt wahrnehmen, dass man Geld bei *einer Bank* anlegt oder vielleicht sich *Wertpapiere* dafür kauft - und dieses Geld dann für eine bestimmte Zeit schlicht "*weg*" ist, "*gebunden*" ist, man dafür aber *Zinsen* erhält und das Geld nach einem bestimmten Zeitraum (bei Anlage z.b. als Festgeld bei einer Bank) oder durch Verkauf (im Falle von Wertpapieren)

wieder erhält. Was mit diesem Geld während der Zeit *geschieht*, wissen wir in aller Regel nicht, und ich glaube, die meisten von uns interessiert es auch nicht. Das ist ja auch vollkommen in Ordnung, überhaupt keine Frage. Doch *sobald* wir uns Gedanken über wirtschaftliche Zusammenhänge machen oder gar über Möglichkeiten einer sinnvollen Gestaltung unseres Zusammenlebens im Hinblick auf Themen wie Konjunktur, Wirtschaftskrisen, Arbeitslosigkeit, Wohlstand und Altersversorgung etc., kurz gesagt: über politische Themen, bei denen Geld eine Rolle spielt, halte ich persönlich es für zental, dass wir uns einmal die *Zusammenhänge* verdeutlichen. Und dies ist meiner Überzeugung nach kaum nachvollziehbarer möglich als mit einem solchen Modell, mit dem ich hier arbeite. Und genau in diesem Zusammenhang ist es nun sehr wichtig, uns tatsächlich vor Augen zu halten, dass der Vorgang der "Geldanlage" nichts anderes bedeutet, als dass ein Mensch sein Geld einem anderen gibt, eben auf der Basis eines Darlehensvertrags. Und im 2-Personen-Modell bedeutet dies genau, dass A dem B sein Geld auf der Basis eines Darlehensvertrags gibt. Ganz wichtig dabei: diese Möglichkeit hat A *nur dann*, wenn B *bereit* ist, sich zu verschulden. Im Modell heißt das: sich gegenüber A zu verschulden. Und: A wird mit B natürlich *nur dann* einen Darlehensvertrag abschließen, wenn er *diesem vertraut*. Dahingehend vertraut, dass dieser, B, ihm a) die Zinsen verlässlich bezahlt und b) ihm am Ende auch das Geld wieder zurückzahlt. Im vorliegenden Fall möchte ich B als eine *Privatperson* sehen. Also nicht als einen Unternehmer. Nehmen wir nun einmal an, dass sich B tatsächlich *vertrauenswürdig* verhält. A schließt also den Darlehensvertrag mit B ab – und gibt ihm das Geld. Wir würden von einem Konsumentenkredit sprechen. Was wird nun B mit diesem Geld machen? In diesem Modell der "Weltwirtschaft" mit einer "Weltbevölkerung" von nur 2 Personen gibt es nur einen einzigen weiteren Verlauf: er wird am nächsten Tag erneut bei A vorsprechen und von ihm Brot kaufen, A also bitten für ihn zu arbeiten, ihm das Bedürfnis nach etwas zu Essen zu stillen. A wird auch das Geld, das er damit verdient, also von B erhält wieder sparen, d.h. sich nicht seinerseits etwas von B kaufen, und er wird es anlegen, d.h. es wieder B geben und dabei den Darlehensvertrag von 1 Euro auf 2 Euro erhöhen. "Anlegen" bedeutet also immer, dass es einen Zeitgenossen gibt, der bereit ist, sich zu verschulden. Und Sie werden vermutlich mit mir übereinstimmen, dass A nicht noch sehr viel öfters bereit sein wird, B gegen Erhöhung des Darlehensvertrags das einmal verdiente Geld zu geben, denn er wird ihm, B, irgendwann dann doch nicht mehr vertrauen, dass er die Schulden auch wirklich zurückzahlt. Und B wird allerdings auch nicht bereit sein, sich noch sehr viel höher zu verschulden. In der Realität werden die meisten Menschen doch sehen, wo die Grenzen ihrer Belastbarkeit sind. Bis auf vielleicht einen kleinen Personenkreis, der dazu nicht in der Lage oder auch nicht willens ist. Das bedeutet aber im Endeffekt: A wird seinen Plan des Sparens und des Anlegens nicht sehr lange fortsetzen können.

Nun werden Sie bemängeln, dass in der Realität das meiste Geld, das angelegt wird, bei *Unternehmen* angelegt wird, wo es "arbeiten" kann, und eben *nicht* bei *Privatpersonen*, also *nicht als als Konsumentenkredite*. Und dass damit eine vollkommen andere Situation vorherrscht. Doch ich glaube zeigen zu können, dass auch in diesem Falle der Prozess des Anlegens seine Grenzen hat.

Dabei müssen wir zunächst überlegen, was sich auf Seiten des B ändern muss, um B als *Unternehmer* verstehen zu können und nicht als Privatperson. Ich denke, eine geeignete Vorgehensweise dabei ist, zu simulieren, dass er ein *komplexes Produkt* herstellt, welches er nicht innerhalb eines Tages (und damit täglich) herstellen kann, sondern für dessen Herstellung er eine *längere* Zeit benötigt, also mindestens mehrere Tage. Dies dürfte die *einfachste* Modell-Variante sein, die uns B als Unternehmer vorzustellen ermöglicht. In der Realität stellen wir uns unter einem Unternehmer sicher jemanden vor, der in erster Linie *mehrere Mitarbeiter* beschäftigt, ja sogar *zahlreiche* Mitarbeiter, und der darüber hinaus über Räumlichkeiten verfügt und über Maschinen sowie über Büro- und Geschäftsausstattungen etc.. Über Maschinen zumindest dann, wenn es sich um einen Herstellungsbetrieb handelt und nicht um ein Dienstleistungsunternehmen. Alle diese Komponenten in einem Modell wie dem hier verwendeten darzustellen würde dieses Modell natürlich unüberschaubar komplex werden lassen. Ich bin allerdings davon überzeugt, dass es *nicht notwendig* ist, ein Modell mit all diesen Komponenten zu entwerfen. Um die Grenzen des Vorgangs der Geldanlage nachvollziehbar aufzeigen zu können glaube ich, dass es schon *ausreicht*, B *dadurch* als Unternehmer darzustellen, indem wir simulieren, dass er eben ein Produkt herstellt, dessen Anfertigung länger als 1 Tag dauert. Simulieren wir also, dass es sich dabei um ein *Möbelstück* handelt. Denn auch in einer solchen Situation muss B etwas *vorfinanzieren*. Nämlich seine eigenen Lebenshaltungskosten. In diesem extrem kleinen Modell mit nur 2 Personen gehen wir ja lediglich von existenziellen Grundbedürfnissen aus. D.h. seine Lebenshaltungskosten bestehen darin, sich zu essen und zu trinken kaufen zu können. Und da wir in diesem Modell nur zwei Personen haben, A und B, und A derjenige ist, der sich auf die Herstellung von Speisen und Getränken spezialisiert hat, bedeutet dies, dass B sich während der Dauer der Herstellung des Möbelstücks Speisen und Getränke *von A* wird kaufen wollen und müssen.

A wird also die Möglichkeit haben, das Geld, welches er durch den Verkauf von Speisen (an B) verdient… während dieser das Möbelstück (für A) fertigt, "anzulegen", und zwar *bei B* anzulegen. Es also B zu geben, ohne dafür sofort etwas von B zu bekommen. Und dies natürlich auf der Basis eines *Darlehensvertrages*, den die beiden zu diesem Zwecke schließen. Nun haben wir ja aber die Situation, dass A plant, auf *lange Sicht* hin jeden Tag das verdiente Geld zu sparen und anzulegen. D.h. aus dieser Perspektive heraus und damit A seine Spar- und Anlageplänen verwirklichen kann wäre es notwendig, dass B immer nur Möbelstücke herstellt, und also seine Lebenshaltungskosten während dieser Zeit "vorfinanzieren" muss, dass A ihm aber die fertig gestellten Möbelstücke niemals abkauft - denn ein Abkaufen würde ja bedeuten, dass A ihm, dem B, die Möbelstücke *bezahlt*. Also ihm die angesparten Guthaben gibt. Genau *dies* will A aber gerade *nicht* tun. Er will ja gerade sparen (und anlegen) und nichts kaufen. Dies kann also so nicht funktionieren. Wir sehen also, dass B *nur dann* daran interessiert sein wird (und also *bereit* sein wird), sich Geld zu leihen, sich Geld von A zu leihen, wenn A seinerseits bereit ist, dem B das Möbelstück denn auch abzunehmen. In der Realität würde man sagen: wenn B einen *Markt* für seine Produkte (seine Möbel) sieht. Im Modell kann dieser Markt nur in der Person des A bestehen. Denn eine weitere Person außer A und B gibt es nicht. Ich bin davon überzeugt, dass ein "A" in der Realität nur deswegen seine Spar- und Anlagepläne realisieren kann, weil *andere* Menschen dem Unternehmer dessen Produkte abkaufen. Nennen wir diese anderen Menschen einmal X, Y und Z. D.h. B finanziert seine Lebenshaltungskosten durch Kreditaufnahme bei *A, verkauft* die Möbelstücke aber an X, Y und Z. Das erste an X, das zweite an Y und das dritte an Z. Dies setzt aber voraus, dass X, Y und Z *nicht* sparen. A kann seine Spar- und Anlagepläne also *nur dann* realisieren, wenn es *andere, weitere* Zeitgenossen gibt, die bereit sind zu konsumieren. Bereit sind, dem B die von ihm hergestellten Möbel abzukaufen. Und, sehr wichtig: es kann daher *niemals* sein, dass *alle* Menschen sparen und das gesparte Geld anlegen. Denn *dass einige* Menschen sparen und das Gesparte anlegen können *setzt voraus,* dass *andere konsumieren* - und also *nicht* sparen. Nun gibt es aber in der Realität zahlreiche Personen des öffentlichen Lebens, die fordern, dass *alle* Menschen sparen (und das Gesparte anlegen), weil sie die staatliche Rente auf Dauer in Gefahr sehen. Nichts anderes ist ja die Forderung nach "privater Altersvorsorge". Aufgrund der obigen Argumentation bin ich davon überzeugt, dass dies *gar nicht möglich* ist.

4.5   Die Versorgung der Senioren

Der Lebensunterhalt von Senioren ist *stets* ein *Versorgungsprozess*. Menschen im Erwerbsalter stillen Senioren durch ihre Arbeit Bedürfnisse. In *archaischen* Gesellschaften sind es in aller Regel die Nachkommen in der *eigenen Familie*, die die Senioren versorgen. In modernen Gesellschaften wird dies staatlich so organisiert, dass *alle* Erwerbstätigen *alle* Senioren versorgen. Nämlich durch Rentenbeiträge und Rentenzahlungen. Aber auch hier bleibt: die Erwerbstätigen *versorgen* die Senioren.

4.5.1   Staatliche Rente

Mein grundlegendes Modell für die Darstellung der staatlichen Rente ist ein 2-Personen-Modell mit einer Geldmenge von 2 Euro, in dem A erwerbstätig ist und B im Ruhestand.

B lässt sich von A ein Brot herstellen und liefern und gibt ihm dafür seinen Euro.

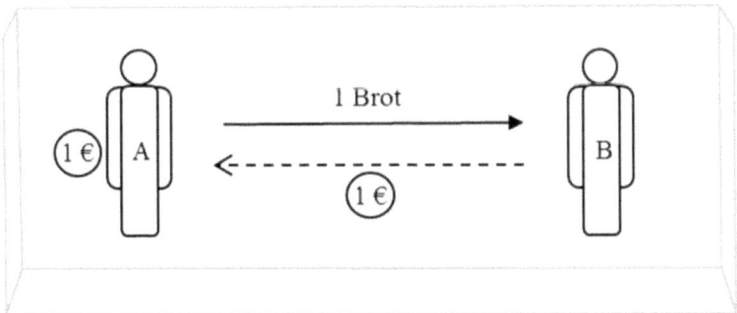

Das Ergebnis: B hat seinen Hunger gestillt bekommen, und A besitzt 2 Euro (mithin die gesamte Geldmenge des Modells).

Der Staat sorgt nun mittels der Rentenbeitragspflicht dafür, dass A diesen Euro dem B wieder zurück gibt. Wohl gemerkt: A bekommt dafür (natürlich) *keine* Leistung. In der Realität nehmen Beitragszahler in aller Regel nur wahr, dass sie Rentenbeiträge an "den Staat" bezahlen (bzw. an die Träger der Rentenversicherung), und Senioren nehmen in aller Regel nur wahr, dass sie Rente "vom Staat" beziehen. Dass es sich de facto um Zahlungen *von A an B* handelt und der Staat diese Zahlungen lediglich *organisiert,* indem er sie von A *erzwingt,* scheint den meisten von uns *nicht* bewusst zu sein.

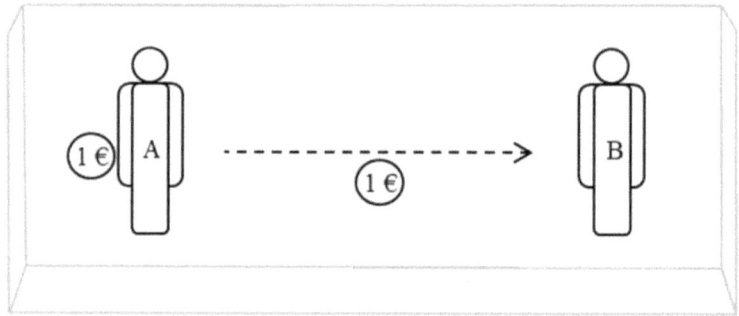

Damit besitzt nun wieder jeder der beiden 1 Euro.

Am nächsten Tag lässt sich B von A erneut 1 Brot herstellen und liefern. Wiederum gegen Bezahlung von 1 Euro.

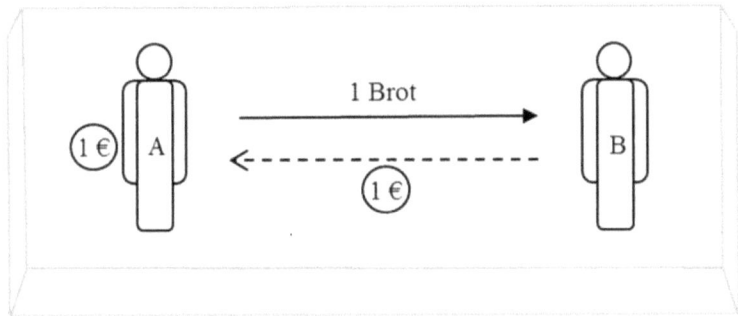

Dieser Prozess setzt sich so lange fort, bis B bedauerlicherweise stirbt. Rentenbeiträge und Rentenzahlungen sind also nichts anderes als eine Form der Organisation der *Versorgung* von *Senioren* durch *Erwerbstätige* mit den Mitteln einer *Geldwirtschaft*.

4.5.2 Private Altersvorsorge – ich habe meine Zweifel

Dasjenige Phänomen, was wir gemeinhin als "private" Altersvorsorge bezeichnen, ist nichts anderes als ein *Sparen*, wie ich es oben beschrieben habe,[32] mit dem Ziel, sich die *Gegenleistung*, auf die man sich mit einer Leistung während

---

[32] Siehe 4.4.

der Phase der Erwerbstätigkeit ein (moralisches) Recht erworben hat, *erst im Ruhestand* erbringen zu lassen. Dies lässt sich wunderbar in einem Modell mit 2 Personen und eine Geldmenge von 2 Euro erläutern.

A stellt für B ein Brot her. B kauft dies für 1 Euro.

Jahr 1
Tag 1
10:00
Uhr

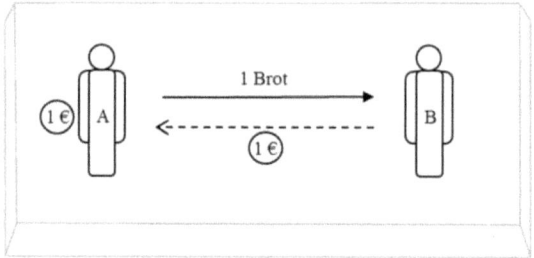

B kann damit seinen Hunger stillen, und A besitzt 2 Geldeinheiten, mithin die gesamte Geldmenge.

An dieser Stelle müssen wir uns nun die Pläne der beiden Personen A und B anschauen. *B's* Plan ist es, noch am selben Tag eine Gegenleistung für A zu erbringen, um sich damit den 1 Euro wieder zurück zu verdienen.

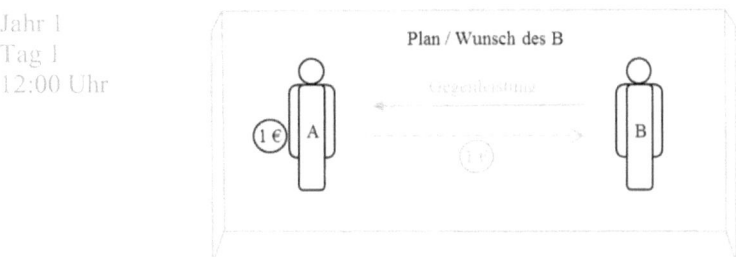

A's Plan hingegen ist, diesen Euro zu *sparen*, um sich die Gegenleistung dafür *im Alter* kaufen zu können (wobei ich einmal annehme, dass A in 20 Jahren in den Ruhestand zu gehen plant).

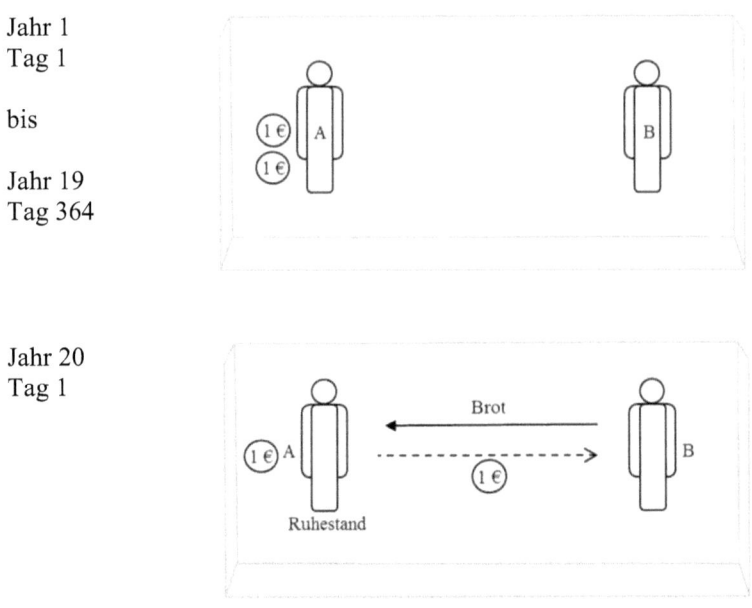

B hat mit dem (Spar-) Verhalten von A in der Zeit von Jahr 1 Tag 1 bis Jahr 19 Tag 364 also *keine* Möglichkeit, sich diesen Euro von A wieder zurück zu verdienen. Das Ergebnis wird sein: so lange wie A das Geld zurückhält, nicht ausgibt, werden weitere Tauschprozesse zwischen den beiden nicht mehr möglich sein. Mit anderen Worten: in dieser Zeit wird die Wirtschaft am Boden liegen.

Kritiker werden mir nun sicher entgegnen, dass in der Realität A das Geld ja *anlegen* und *nicht* etwa *behalten* wird. Und dass es damit wieder in den Wirtschaftskreislauf *zurückfließt*. Z.B. zu Unternehmen, die es *investieren* und damit durch die Nachfrage nach *Investitionsgütern* die Wirtschaft am Laufen halten. Ich kann jedoch aufzeigen, dass *kein* Unternehmen investieren wird, wenn ein Großteil der Menschen ein einmal verdientes Geld *nicht* zum Stillen von Bedürfnissen ausgibt. Und dass damit sogar letzten Endes diejenigen Menschen, die zum Zwecke der so genannten privaten Altersvorsorge sparen und das gesparte Geld anlegen wollen, *gar keine Möglichkeiten* mehr finden, ihr Geld anzulegen. Schlicht weil es kein Unternehmen mehr geben wird, welches daran interessiert ist zu investieren und dafür Geld zu leihen.

Erst im *Ruhestand* möchte A das bis dahin gesparte Geld ausgeben, um sich nun damit (von B) die Gegenleistung erbringen zu lassen. (Im Modell: Brot.)

Der grundlegende Unterschied zwischen der staatlichen Rente und der privaten Altersvorsorge besteht *darin*, dass bei der *staatlichen* Rente die Erwerbstätigen *per Gesetz* dazu verpflichtet werden, einen Teil des von ihnen Erarbeiteten den *Senioren* zu geben. Diese Verpflichtung ist auf die Staatsbürger des jeweiligen Landes, z.B. der Bundesrepublik Deutschland, beschränkt. Die *private* Altersvorsorge besteht hingegen darin, dass der "Vorsorgende" *spart*. Und Sparen ist ein sogenannter *asynchroner Tauschprozess*,[33] bei dem es stets einen *Gläubiger* und einen *Schuldner* gibt. Sparen ist also das Aufbauen einer Gläubiger-Schuldner-Beziehung. Der Vorsorgende nimmt die Rolle des Gläubigers ein, und derjenige, der die Rolle des Schuldners einnimmt, wird später einmal den Vorsorgenden als Senior zu versorgen haben. Diese Gläubiger-Schuldner-Beziehung ist eine *privatrechtliche* Beziehung. Der entscheidende Unterschied zur staatlichen Rente besteht nun *darin*, dass privatrechtliche Beziehungen naturgemäß *keine staatlichen Grenzen* kennen. D.h. Schuldner können Menschen auf der ganzen Welt werden (während Beitragszahler nur Bürger des selben Staates sind). Und die Welt-Bevölkerung wächst bekanntlich. Deswegen *erscheint* uns die "private Altersvorsorge" als der geeignete Weg, um der Problematik der staatlichen Rente zu entgehen: während die Deutschen als Volk

---

[33] Leistung durch A *jetzt*, Gegenleistung durch B *später*.

immer weniger Nachwuchs bekommen, gibt es weltweit sehr viele junge Menschen. "Private Altersvorsorge" zu betreiben heißt nichts anderes, als sich später von diesen versorgen zu lassen – was aber wie gesagt nur über privatrechtliche Beziehungen möglich ist, da das staatliche Rentensystem ja an den Grenzen des jeweiligen Landes, z.B. Deutschlands, endet.

Die zentrale Problematik: am Beispiel des obigen Modells gezeigt: A ist für die Realisierung seines Plans der "privaten Altersvorsorge" darauf *angewiesen*, dass B's Pläne dazu *passen*. Mit anderen Worten: A ist darauf angewiesen, dass B *bereit* ist, sich *zu verschulden*. Dass B *kein Interesse* daran hat, während der Phase des Sparens seitens des A sich das Geld wieder zurück zu verdienen. Dies ist aber in der Realität *höchst unwahrscheinlich*. *Natürlich* wird B Geld verdienen wollen. Er wird sogar *selbst* den Wunsch haben, Geld zu verdienen, um einen Teil davon für die private Altersvorsorge zu sparen. Damit wird nun meines Erachtens vollkommen klar: *dies kann nicht funktionieren*. Denn sobald B merkt, dass A nicht bereit sein wird, ihm eine Möglichkeit zu geben, das Geld wieder zurück zu verdienen, wird er, B, selbst nicht dazu bereit sein, bei A etwas zu kaufen.

Das Ergebnis: die Tatsache, dass beide planen, "private Altersvorsorge" zu betreiben, wird dazu führen, dass die beiden keine Tauschprozesse mehr miteinander realisieren werden. Weil *keiner* der beiden bereit ist, vom jeweils anderen etwas abzukaufen. Übertragen auf die Realität: die Wirtschaft wird zusammenbrechen.

Ein kleines Gedankenexperiment: Wären auch Tauschprozesse auf Deutschland begrenzt, dann würde die private Altersvorsorge m.E. *ebenso wenig* funktionieren wie die staatliche Rente. Denn es ist im Ergebnis das selbe, ob zu wenige erwerbstätige Menschen vorhanden sind, um die Senioren über *Rentenbeiträge* zu versorgen, oder ob zu wenige erwerbstätige Menschen vorhanden sind, um als *Schuldner* gegenüber den Senioren *die Schulden abzuarbeiten*.

Hier sehe ich übrigens auch einen Zusammenhang damit, dass Deutschland eine "Exportnation" ist. Der Begriff Exportnation bezeichnet nämlich einen Zustand, in dem die Menschen im *Inland* ("Inländer") *mehr* für Menschen arbeiten, die in *anderen* Ländern wohnen, im "Ausland". D.h. "Inländer" arbeiten für "Ausländer"[34], "eröffnen" damit Tauschprozesse, geben das im Zuge dessen erworbene Geld aber *nicht mehr aus, nicht mehr an diese zurück*. *Nur* wenn sie es wieder *ausgeben* würden, also nur wenn sie es diesen wieder *zurückgeben*

---

[34] Den Begriff "Ausländer" verwende ich dabei nicht wie im umgangssprachlichen Sinne, sondern ich bezeichne mit ihm alle Menschen, die nicht im Inland geboren sind und auch nicht im Inland leben.

würden, und sich damit die *Gegenleistung* erbringen lassen würden, wäre der eröffnete Tauschprozess "vollständig". So aber *sparen* Sie das erworbene Geld (Sparen im Sinne von zurückbehalten und aufbewahren). Damit versetzen sie den Ausländer in die Position eines Schuldners. Irgendwann in der Zukunft werden die Menschen, die dann Senioren sein werden, von diesen Schuldnern verlangen, dass diese *nunmehr* ihre Schulden *abarbeiten*, die *Gegenleistung* erbringen, und die Senioren sich damit *versorgt* sehen. Damit dann würde die Bundesrepublik Deutschland meiner Einschätzung nach zu einer *Importnation* werden. Dies würde meinem Verständnis nach also einem Plan entsprechen, der beschrieben werden könnte als: "Anstatt staatlichem Rentensystem: jetzt Exportnation, später Importnation". Ob dieser Plan so "aufgehen" kann, das wage ich sehr zu *bezweifeln*. Denn im Grunde lässt sich doch *kein Mensch* auf der ganzen Welt gerne in eine *Schuldnerposition* versetzen, wenn er sich doch auf einen *Tauschprozess* mit uns eingelassen hat. Auf einen *vollständigen* Tauschprozess. Auf einen Tauschprozess also, in dem *beide* Seiten *sehr zeitnah* Ihre jeweilige Leistung erbringen.

Ich sehe darin *auch* einen gewissen Zusammenhang mit der *Schuldenproblematik* vieler Länder. Zwar bin ich natürlich kein *Länderreferent* bspw. bei der Deutschen Bundesbank, der hier Experte wäre. Jedoch sehe ich einfach, dass die Bundesrepublik Deutschland seit 1991 stets einen *Außenhandelsüberschuss* hatte, der sogar fast stetig gestiegen ist. Von 11,6 Milliarden Euro (in 1991) auf 216,9 Milliarden Euro in 2014. Im Zusammenhang mit meiner obigen Argumentation *vermute* ich zumindest sehr stark, dass wir Deutschen *darauf bauen*, dass viele Menschen in anderen Ländern unsere Produkte kaufen, und zwar *auf Kredit*, so dass sie uns dann, wenn wir uns im Ruhestand befinden, die *Gegenleistung* erbringen, damit ihre Schulden *abbauen* / "*abarbeiten*", und wir als Senioren dann dadurch *versorgt* sind. Damit hätten wir mit unserer Ansicht, privat vorsorgen zu müssen, einen nicht unerheblichen *Anteil* an der Verschuldung vieler Menschen in anderen Ländern. In einem bin ich mir jedenfalls sicher: würden wir das Geld, das wir durch unsere Exporte verdient haben, wenig später wieder für Importe ausgeben, dann wären die internationalen Tauschprozesse *vervollständigt*, *abgeschlossen*, Deutschland wäre nicht Exportnation sondern hätte eine *ausgeglichene* Außenhandelsbilanz - und ich vermute, dass dann *weniger* Menschen in anderen Ländern *Schulden* hätten.

4.5.3 "Geldanlage bei Unternehmen" – ein Fehlverständnis mit fatalen Folgen

A will sparen und muss daher Geld verdienen. Dazu benötigen wir eine zweite Person B, die wir als Unternehmen ansehen. Beide arbeiten zusammen und stellen damit eine Mengeneinheit des Produktes P_B her. "P" steht für "Produkt", und "P$_B$" steht für "Produkt, das unter Führung des Unternehmers B hergestellt wird", und das sich nach Fertigstellung im Eigentum des B befindet. Und B gibt A dafür seine Geldeinheit, seinen Euro.

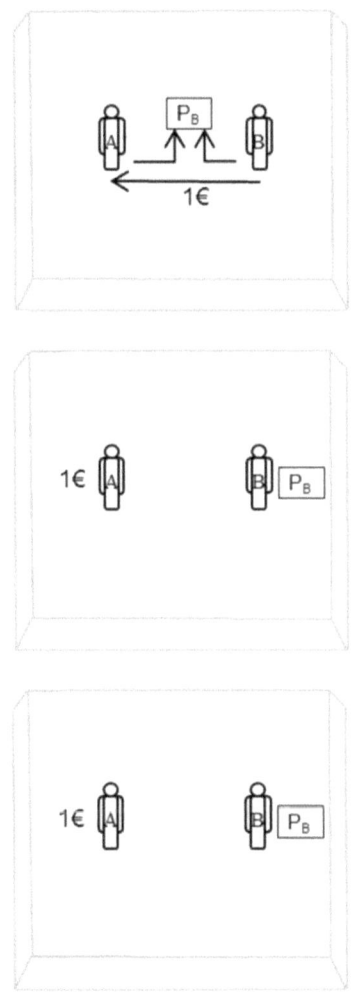

A möchte diesen Euro jedoch nicht "ausgeben", sich also nichts dafür kaufen, sondern ihn zum Zwecke der privaten Altersvorsorge sparen und anlegen. Und er *könnte* sich auch noch gar nichts kaufen, denn B verlangt für 1 Mengeneinheit ja 3 Geldeinheiten. Er "legt" die Geldeinheit also "an". In der Realität gibt er sie einer Bank. Dies stellen wir auch in diesem Modell dar. Allerdings berücksichtige ich die Bank nur virtuell, nicht etwa durch Personen, die die Bank betreiben, damit das Modell nicht komplexer wird als unbedingt nötig. Ich stelle sie durch ein Rechteck dar und treffe "von außen" die Entscheidung für die Bank, mit A einen Kreditvertrag abzuschließen, selbst. Die Geldeinheit befindet sich nun also im Besitz der Bank, und zwischen A und der Bank existiert ein Kreditvertrag, und zwar in Höhe einer (1) Geldeinheit.

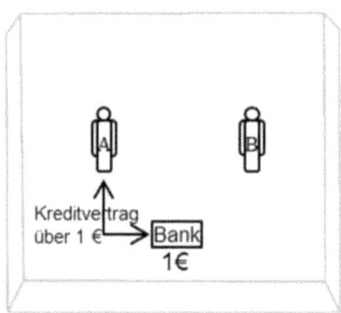

B benötigt diese Geldeinheit wieder, um erneut eine (1) Mengeneinheit des Produktes mit A zusammen herstellen zu können - wofür er diesem ja erneut 1 Geldeinheit geben muss. B schließt also mit der Bank einen Kreditvertrag ab und leiht sich von ihr diese Geldeinheit.

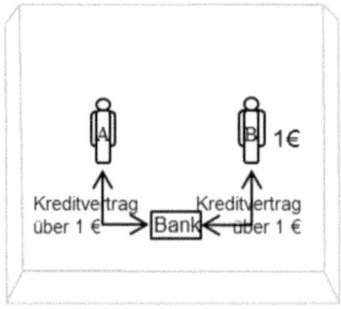

Nun produziert er also gemeinsam mit A eine zweite Mengeneinheit und gibt ihm dafür die Geldeinheit.

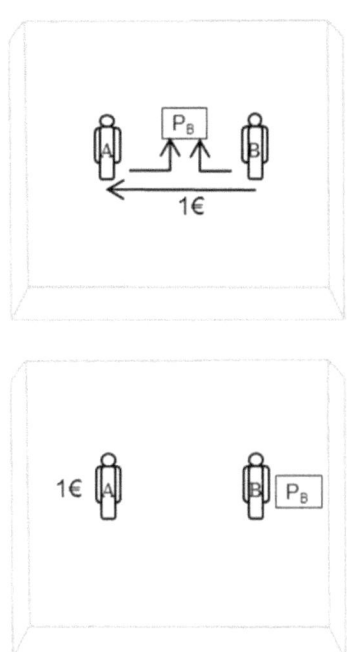

Die Handlungskette wiederholt sich. Dies noch 2 Mal, weil erst nach dem 3. Mal A über genügend Guthaben verfügen würde, um die dann gemeinsam mit B produzierte Mengeneinheit zum Preis von 3 Geldeinheiten kaufen zu können. Doch: A möchte sie, wie gesagt, nicht kaufen, sondern er möchte sein Geld anlegen, sich ein Vermögen aufbauen. B aber möchte sich nicht weiter verschulden. Er möchte vielmehr, dass ihm *nun* "jemand" ´die zuletzt hergestellte Mengeneinheit *abkauft*, damit er den Kredit bei der Bank wieder ablösen kann und damit wieder schuldenfrei ist und der Prozess wieder von vorn beginnen kann. Wir benötigen nun also eine dritte (!) Person, die a) bereit ist, sich zu verschulden, und der b) die Bank bzw. A bereit ist, einen Kredit zu gewähren. Das könnte beispielsweise ein Start-up-Unternehmer sein, dem die Bank bzw. A zutrauen, einen Kredit auch wieder zurückzahlen zu können, den die Bank bzw. A also für kreditwürdig halten. Theoretisch könnten wir auch annehmen, C sei ein Konsument (!), doch wird sicher einem Start-up-Unternehmer eine größere Kreditwürdigkeit zugetraut als einem Konsumenten.

Von C als Start-up-Unternehmer nehmen wir an, dass er ein Produkt *entwickelt*. Ein Produkt, von dem er überzeugt ist, dass es "einen Markt" finden wird, wie wir in der Realität sagen, so dass er nach Abschluss der Entwicklungsarbeiten "gutes Geld" damit wird verdienen können. Exakt ausgedrückt bedeutet dies nichts anderes, als dass er davon ausgeht, dass A (!) sein "Markt" sein wird, dem A also das produzierte Produkt so gut gefallen wird, dass er ihm jeweils eine Mengeneinheit davon zu einem ansehnlichen Preis abkaufen wird. Anders als traditionell arbeitende Ökonomen spreche ich also niemals abstrakt von einem "Markt", sondern benenne jeweils diejenigen *Menschen*, die etwas kaufen, und die damit einen "Markt" bilden.

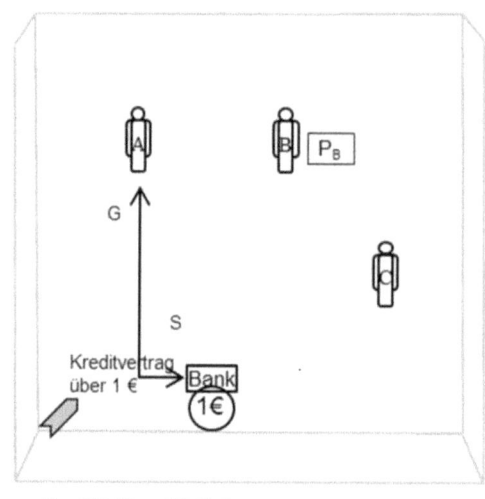

G = Gläubiger / Guthaben
S = Schuldner / Schulden

Also wird zunächst nicht B sich das Geld von der Bank (und damit indirekt von A) leihen, wie ich es oben ausgeführt hatte, sondern der *Start-up-Unternehmer C* wird sich das Geld leihen. In den Graphiken dieses Abschnittes zeige ich zur besseren Nachvollziehbarkeit übrigens stets mit einem grauen Pfeil (⬈) denjenigen Vorgang an, der jeweils neu ist.

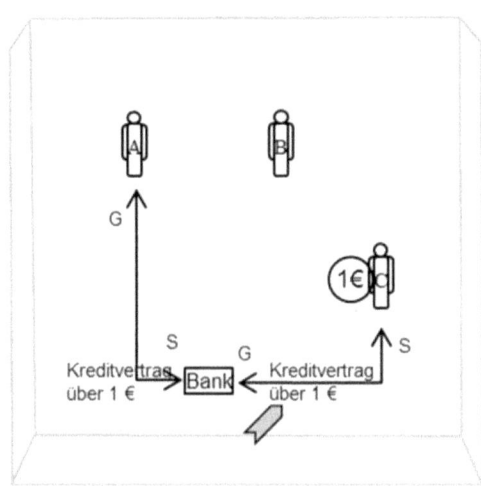

C muss aber sparen, denn B verlangt 3 Geldeinheiten für sein Produkt P_B. Also legt C die 1 Geldeinheit an. In der Realität bei der Bank, also wollen wir das hier auch so darstellen.

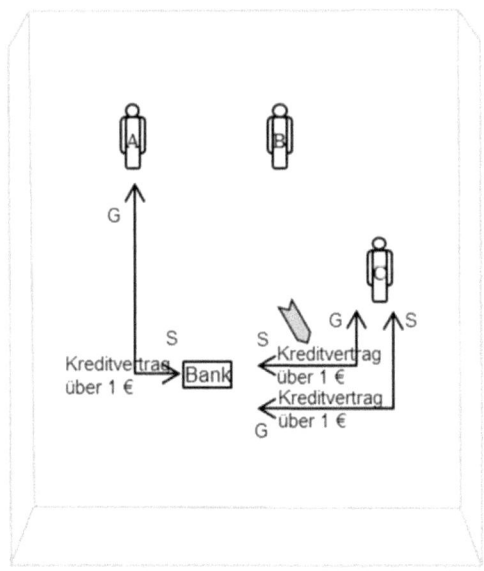

Die Bank ist daran aber nur interessiert, wenn sie eine Möglichkeit sieht, die Geldeinheit erneut zu verleihen. Tatsächlich hat B interesse an einem Kredit, denn er möchte, dass A weiter für ihn arbeitet, will ihn also bezahlen können. B leiht sich die Geldeinheit also von der Bank.

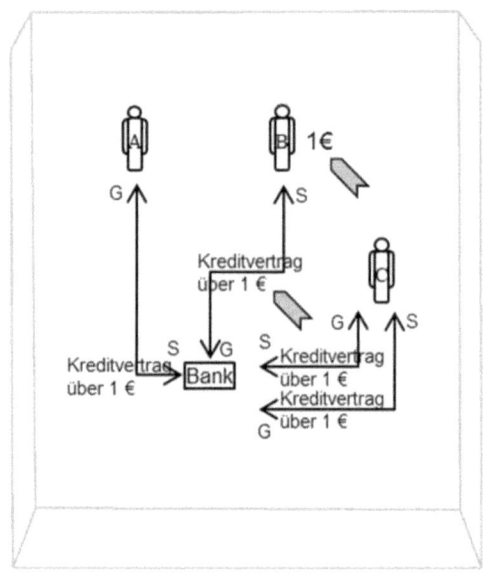

Nun kann er A erneut bezahlen, um mit ihm zusammen erneut eine Mengeneinheit des Produktes P_B herzustellen.

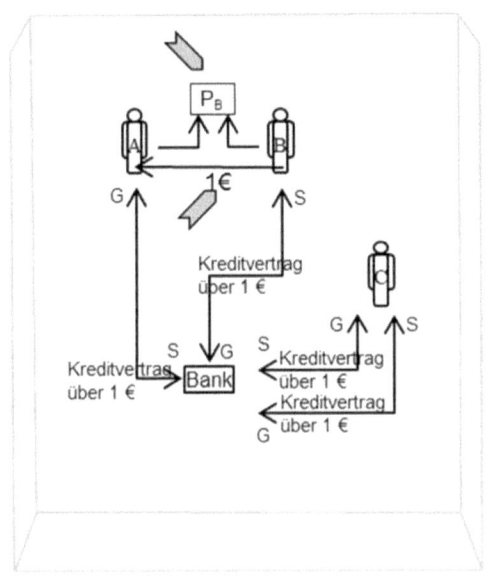

Das Ergebnis:

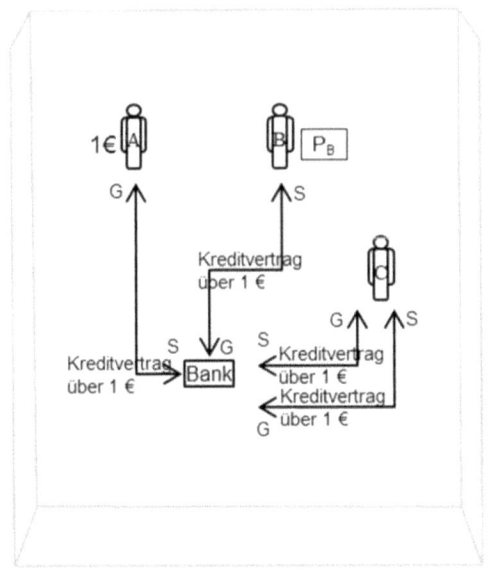

A kann und will das Geld erneut nicht ausgeben, er legt es wieder an. Dadurch gelangt die Geldeinheit zur Bank, und er erhöht damit seinen Kreditvertrag mit ihr auf 2 €.

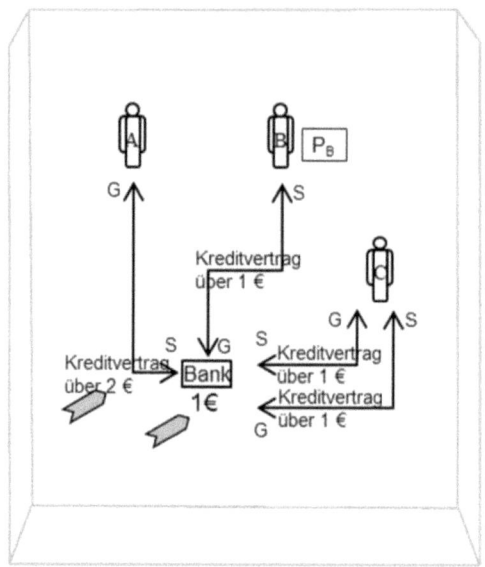

Die Bank ist dazu allerdings nur bereit, wenn sie eine Möglichkeit sieht, das Geld ihrerseits erneut zu verleihen. C hat Interesse an einer Aufstockung seines Kredits. Die Bank verleiht das Geld also an C. Die Geldeinheit befindet sich nun bei C. Die Bank und C erhöhen das Volumen Ihres Kreditvertrages um 1 auf 2 Geldeinheiten.

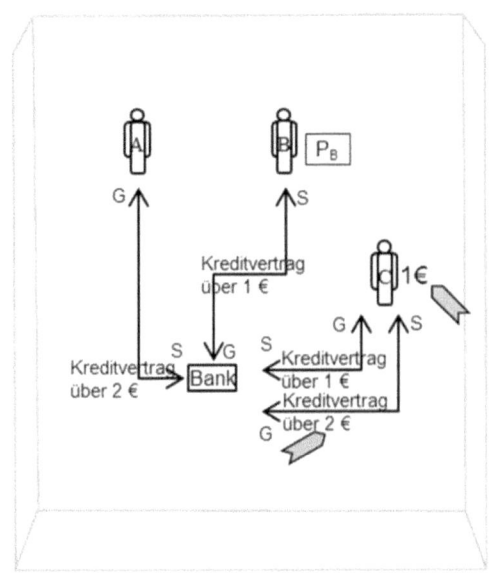

C besitzt damit nun ein Vermögen von 2 Geldeinheiten: 1 Einheit Bargeld und 1 Einheit Guthaben. Dies reicht noch nicht, um das Produkt von B zum Preis von 3 Geldeinheiten zu erwerben. Er spart die erhaltene Geldeinheit also erneut und legt sie erneut an. Bei der Bank. (Und entwickelt sein Produkt derweil weiter.) Er gibt sie also der Bank und erhöht gleichzeitig mit ihr den Kreditvertrag um 1 auf 2 Geldeinheiten.

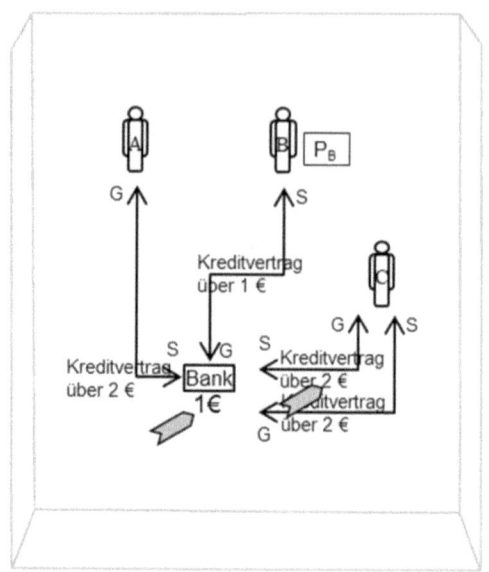

Wie immer setzt die Bereitschaft der Bank, dies zu tun, aber voraus, dass sie selbst die erhaltene Geldeinheit (erneut) weiter verleihen kann. B *ist* dazu bereit, seinen Kreditvertrag mit ihr zu erhöhen. Sie gibt also *ihm* die Geldeinheit und erhöht gleichzeitig den Kreditvertrag mit ihm um 1 auf 2 Geldeinheiten.

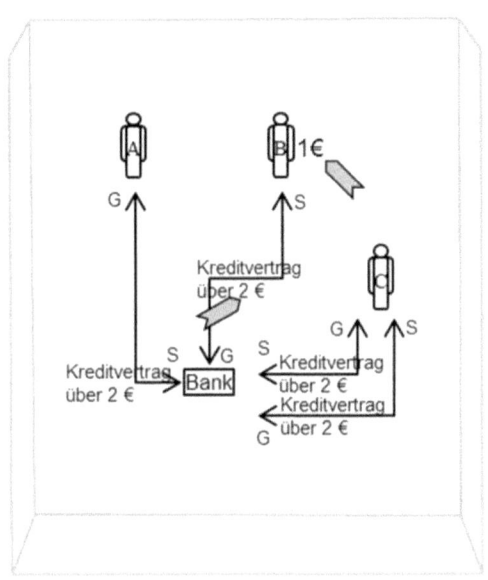

Er, B, stellt unter Mitarbeit von A erneut eine Mengeneinheit des Produktes P_B her und gibt ihm dafür die Geldeinheit.

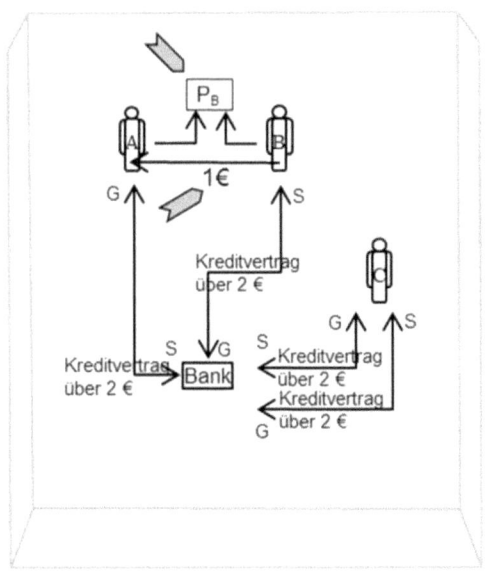

Er kann das so gemeinsam erzeugte Produkt erneut *für sich* einbehalten, da keiner der Zeitgenossen genügend Vermögen besitzt, um es ihm abzukaufen.

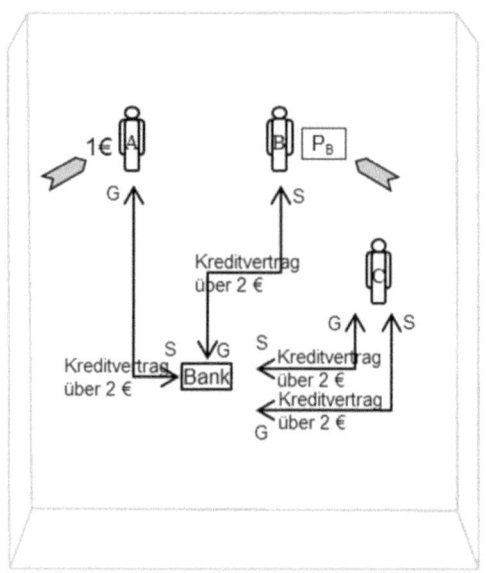

Nunmehr etwas bemerkenswertes: A besitzt *nun* ein Vermögen von insgesamt 3 Geldeinheiten: Die 1 Geldeinheit, die er soeben von B erhalten hat in Form des Gehalts, sowie die 2 Geldeinheiten, über die er in Form des *Guthabens* bei/gegenüber der (virtuellen) *Bank* besitzt und damit indirekt gegenüber C. *Damit* besäße er nun genügend Vermögen, um sich die aktuell produzierte Mengeneinheit des Produktes von B zu kaufen, für die B ja wie gesagt 3 Geldeinheiten verlangt. Ich habe oben aber gesagt, dass A sich *nichts* kaufen *möchte*, sondern *privat für sein Alter vorsorgen* möchte, sich also ein *Vermögen aufbauen* möchte. Er wird daher *auch* diese erneut erworbene Geldeinheit *anlegen* wollen. Damit ist er darauf angewiesen, dass die Bank *interessiert* daran ist, diese Geldeinheit *erneut* entgegenzunehmen und den Kreditvertrag auf 3 Geldeinheiten zu erhöhen. Dazu wird eine Bank in der Realität *nur dann* bereit sein, wenn sie die Möglichkeit sieht, einen Kredit in entsprechender Höhe vergeben zu können. Dies wiederum ist nur dann der Fall, wenn es einen Zeitgenossen gibt, der daran interessiert ist, sich zu verschulden, und wenn die Bank ihm eben eine entsprechende Kreditwürdigkeit zutraut. Würde C als *Konsument*

auftreten, also einen *Konsumentenkredit* nachfragen, so wäre die Bank vermutlich *nicht* bereit, ihm einen solchen zu gewähren. Als *Start-up-Unternehmer* ist jedoch durchaus vorstellbar, dass die Bank ihm dies zutraut. Vorausgesetzt, dass er eine sehr wohlklingende Geschäftsidee vorweist. Und genau davon wollen wir in diesem Modell einmal ausgehen. Somit ist also die Bank bereit, die Geldeinheit von A entgegenzunehmen und den Kreditvertrag mit ihm um 1 Geldeinheit zu erhöhen.

A möchte die Geldeinheit also auch weiterhin nicht ausgeben sondern sie anlegen. Er gibt sie also der Bank, und beide erhöhen den Kreditvertrag um 1 auf 3 Geldeinheiten.

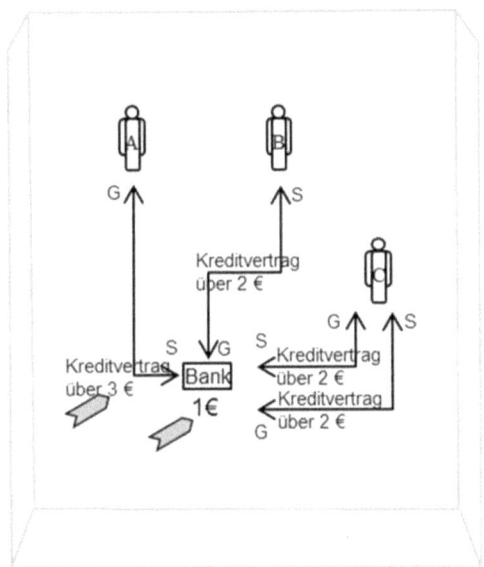

Die Bank gibt die Geldeinheit erneut C, der an einer weiteren Erhöhung des Kreditvertrags interessiert ist (da wir annehmen, dass er sein Produkt zu diesem Zeitpunkt noch nicht bis zur Marktreife entwickelt hat). Die Geldeinheit befindet sich damit wieder bei C, und der Kreditvertrag erhöht sich um 1 auf 3 Geldeinheiten.

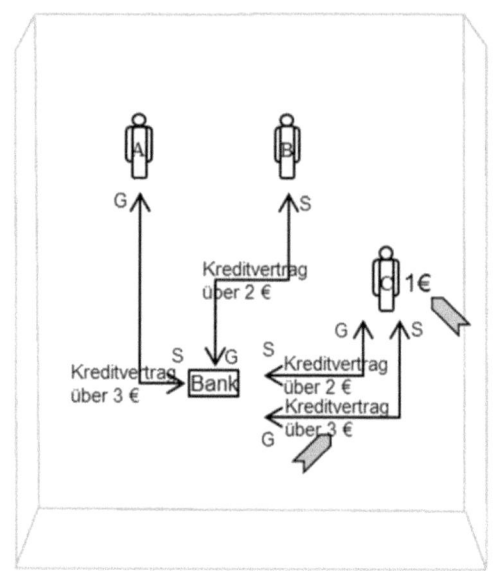

C stehen damit nun Gelder in Höhe von 3 Euro zu Verfügung, dem Kaufpreis des Produktes von B: 1 Euro Bargeld und 2 Euro Guthaben. Nun wird er also das Produkt von B kaufen. Er gibt ihm den 1 Euro Bargeld und überweist ihm die 2 Euro Guthaben und erhält dafür von B dessen Produkt. Wir nehmen an, dass es sich um eine Mengeneinheit Lebensmittel und Getränke handelt, so dass C damit seinen Hunger und seinen Durst stillen kann.

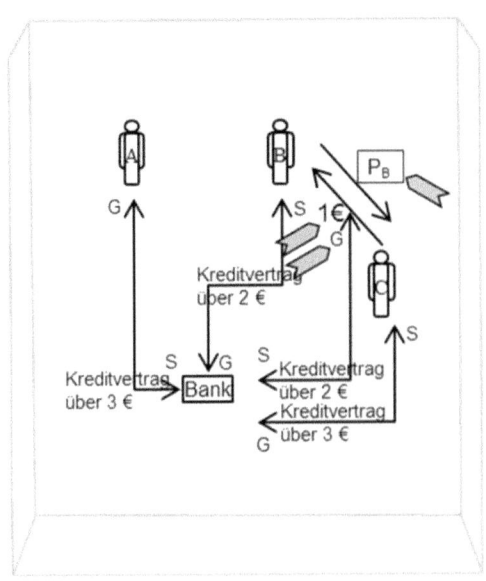

Das Ergebnis:

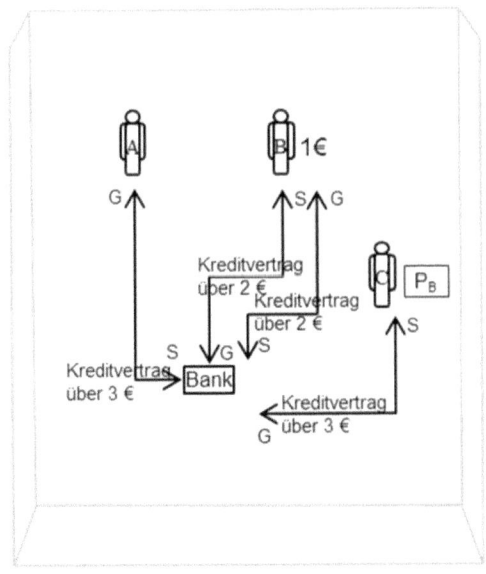

B verwendet das von D überwiesene Guthaben in Höhe von 2 Geldeinheiten nun dazu, seine Schulden in gleicher Höhe zu tilgen.

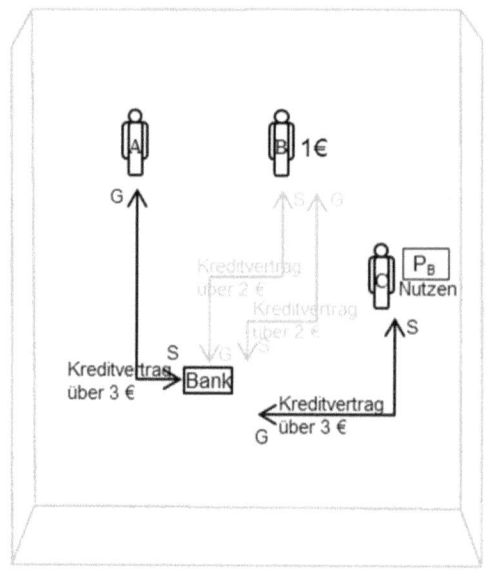

Das Ergebnis: es existieren noch 2 Kreditverträge, und zwar einer zwischen A und der Bank und einer zwischen der Bank und C, jeweils in Höhe von 3 Geldeinheiten. Damit besteht im Grunde eine Kreditbeziehung zwischen A und C (in Höhe von 3 Geldeinheiten).

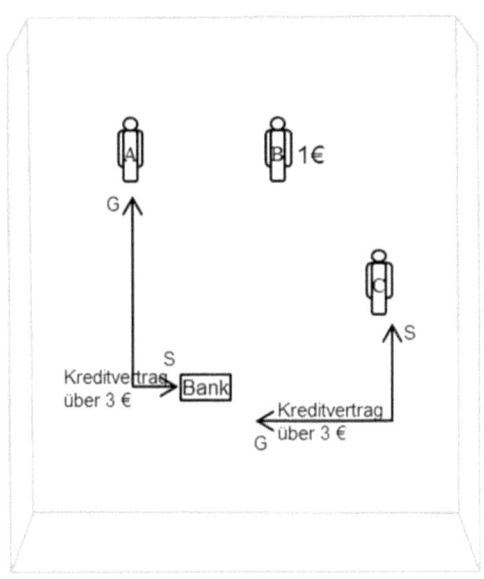

Zunächst kann B (noch einmal) das Produkt P_B unter Mitarbeit von A herstellen und dem A dafür den 1 Euro geben.

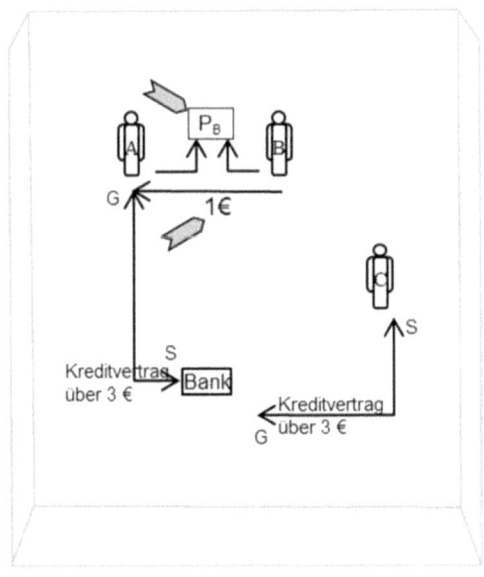

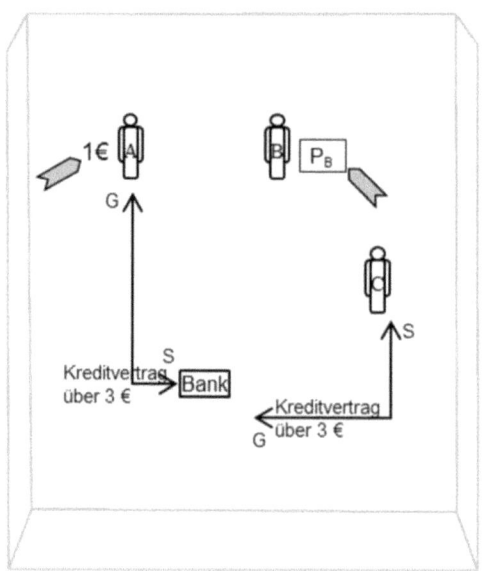

An dieser Stelle nun müssen wir uns jedoch nochmals eben die Pläne von A und C vor Augen führen.

A beabsichtigt, Guthaben aufzubauen, d.h. *weiter* Guthaben aufzubauen. Er möchte den erneut verdienten 1 Euro erneut anlegen und den Kreditvertrag damit um 1 Euro erhöhen.

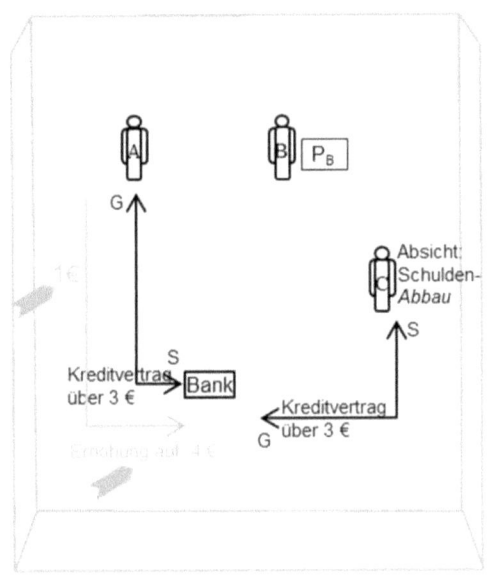

C wünscht *keine* weiteren Schulden zu machen. Im Gegenteil: er möchte nun beginnen, die Schulden *abzubauen*.

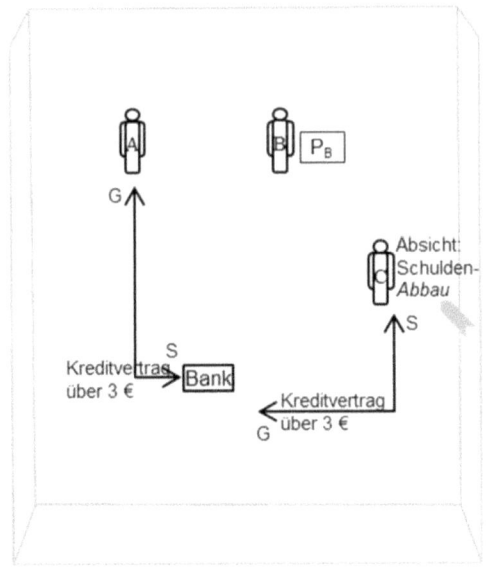

Die Pläne A's und C's sind nicht miteinander kompatibel: Da C seine Schulden abbauen möchte, also keinesfalls weiteren Schulden zu machen wünscht, findet die Bank keine Möglichkeit mehr, Geld, das A bei ihr anlegen möchte, weiterzuverleihen. Daher wird sie nicht mehr bereit sein, Geld von A anzunehmen und den Kreditvertrag mit ihm zu erhöhen.

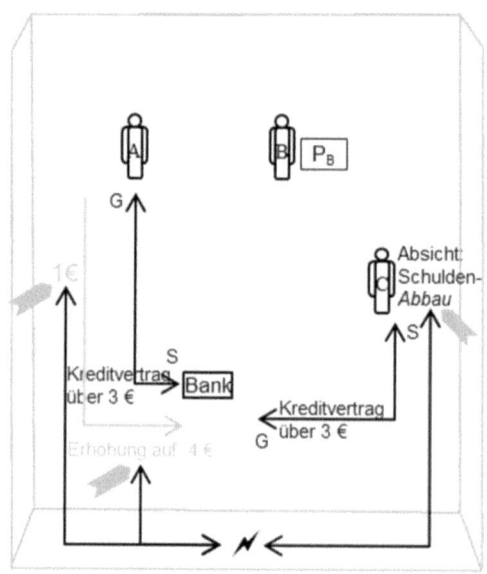

A wird also *keine* Möglichkeit mehr haben, (auch) die jüngst verdiente Geldeinheit "anzulegen", weiteres Vermögen aufzubauen. Im bleibt nichts weiter, als diese jüngst verdiente Geldeinheit zu *behalten* und sich damit *abzufinden*, dass er es nicht anlegen kann.

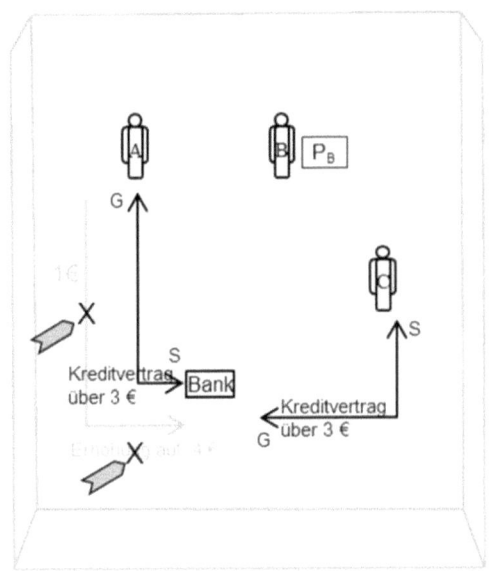

Damit aber ist sein Plan dessen, was wir gerne als "private" Altersvorsorge nennen, nicht weiter realisierbar – *trotz* Anlage bei *Unternehmen*.

Und es gibt noch ein weiteres Problem: C's Plan ist ja, seine Schulden *abzubauen*. Dies wäre alleine *dadurch* möglich, dass er das von ihm zur Marktreife fertig entwickelte Produkt P_C nun herstellt, ...

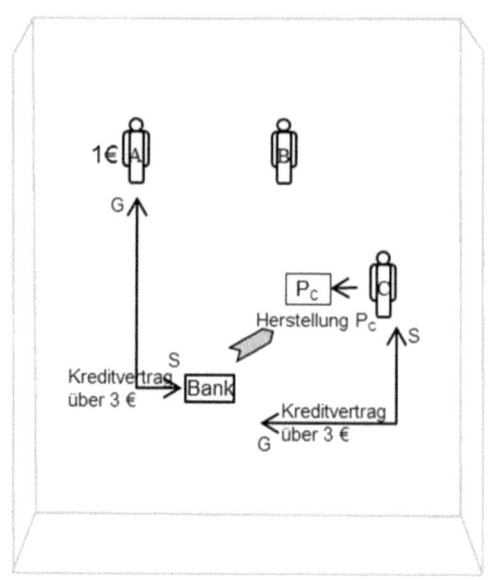

… verkauft …

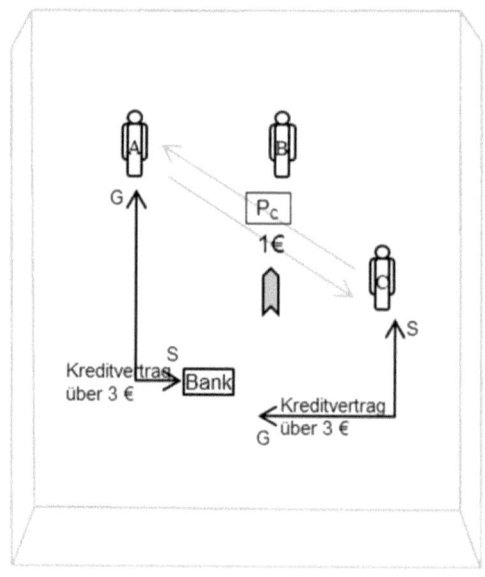

… womit der 1 Euro besäße, um die Schulden zurückzuzahlen …

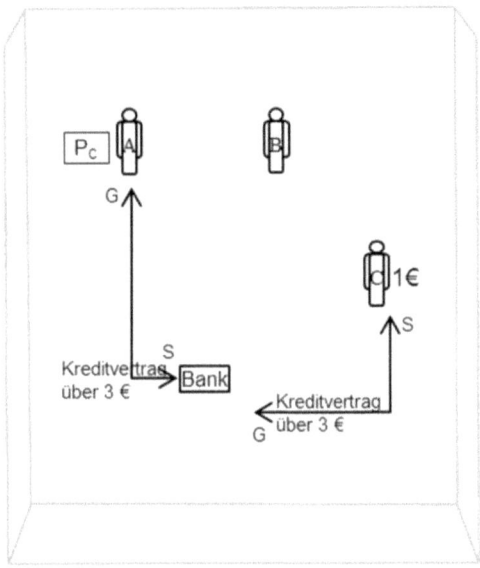

…und die damit erhaltene Geldeinheit der Bank gibt bei gleichzeitiger Reduzierung des Kreditvertrags um 1 Geldeinheit – oder, wie wir in der Realität gemeinhin kurz sagen würden: "um mit dem dadurch erzielten Umsatz die Schulden zurückzubezahlen".

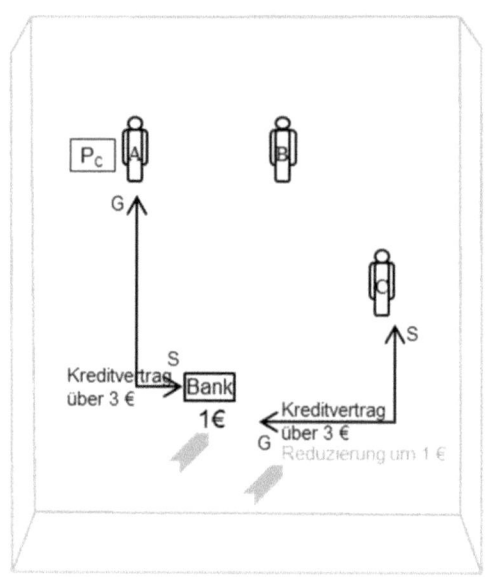

Das Ergebnis wäre:

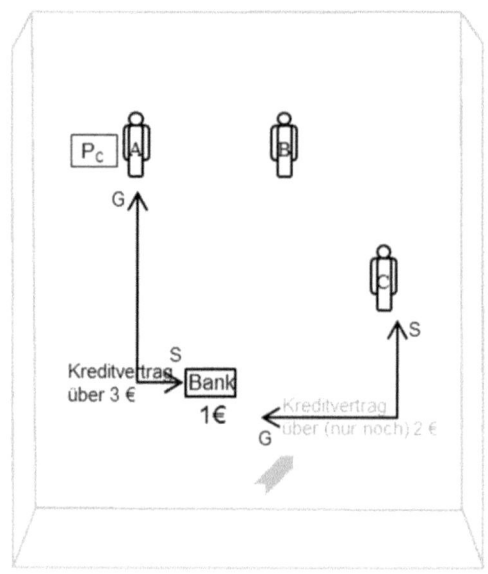

142

Aber: C wird sein Vorhaben bzw. seinen Plan *nicht* realisieren können, denn A beabsichtigt ja eben gerade *nicht*, "sein Geld auszugeben". D.h. C wird in A *keinen* Käufer für sein Produkt finden. (Und von B wollen wir einmal annehmen, dass dieser ebenfalls nicht daran interessiert ist, etwas von C zu kaufen sondern nur einfach sein Produkt weiterhin gemeinsam mit A herzustellen und einen Teil davon (Gewinn) selbst zu konsumieren.) Damit aber wird C *keine* Möglichkeit haben, Geld zu verdienen (durch Herstellung und Verkauf seines Produktes).

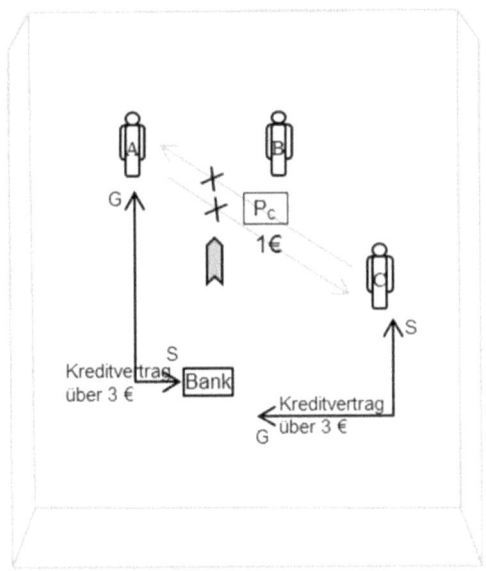

Und damit wird er auch keine Möglichkeit haben, seine Schulden zurückzubezahlen.

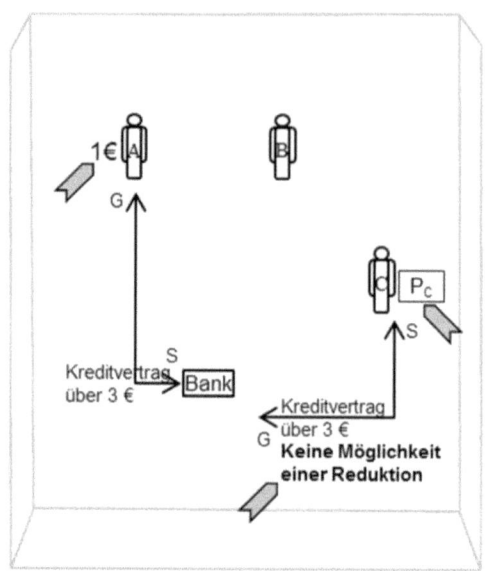

Eine finanzielle Katastrophe für ihn. Eine finanzielle Katastrophe für ihn, die wir uns als Ökonomen gewiss nicht wünschen können.

Ein weiteres Problem: Das Wesen der Versorgung im Alter durch jenes Spar-Verhalten seitens des A, das wir gemeinhin gerne als "private Altersvorsorge" bezeichnen, besteht darin, dass A *mit Eintritt in den Ruhestand* – und *erst* dann – daran interessiert sein wird, sich von C dessen Produkt herstellen zu lassen ...

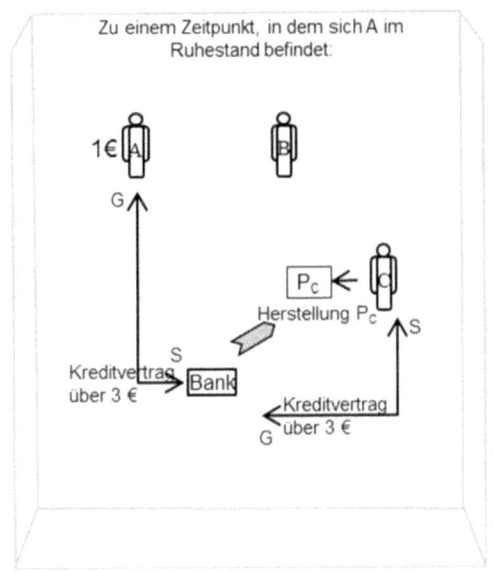

… und es ihm abzukaufen.

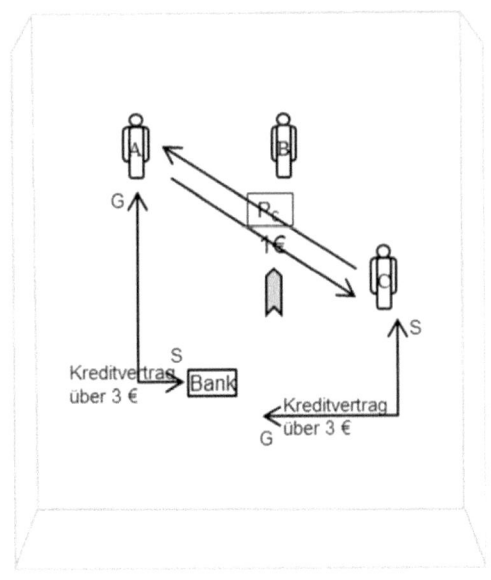

Denn genau *damit* würde er dann "versorgt" sein.

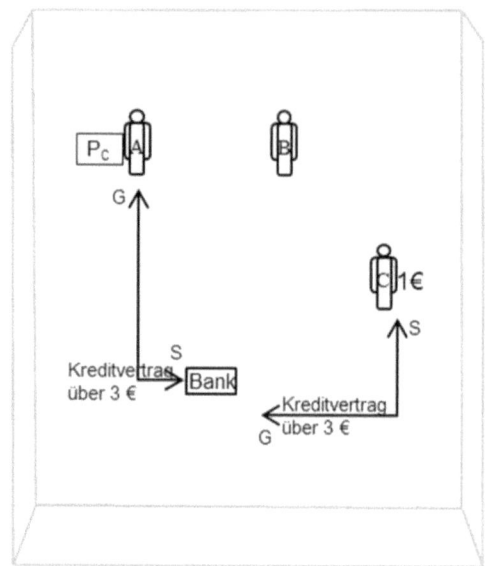

Damit bzw. zu diesem Zeitpunkt – und erst zu diesem Zeitpunkt – hätte nun C eine Geldeinheit eingenommen, die er zur Tilgung seines Kredites der Bank geben könnte.

Dies bedeutet aber, dass C *bis zum Eintritt des A in den Ruhestand keine Möglichkeit* hätte, sein Produkt zu verkaufen, und also bis dahin verschuldet bleiben würde. Eine Katastrophe für C, eine Situation, die wir uns als Ökonomen nicht wünschen können. Das kann kein sinnvolles Verhalten sein. Damit stelle ich aber eben das, was wir gemeinhin gerne als "private Altersvorsorge" nennen, *auch dann* in Frage, wenn mir jemand antwortet: "Die vorsorgende Person legt ihr Geld doch bei Unternehmen an, lässt das Geld also arbeiten!" – und meint, damit eine entscheidende Lücke in meinen Überlegungen gefunden zu haben.

Ein weiteres sehr schwerwiegendes Problem: C hat ja bis dahin B dessen Produkt abgekauft (sobald er, C, den Kaufpreis von 3 Euro angespart hatte). Dies wird er nun *nicht* mehr weiter tun. Er wird das von ihm selbst entwickelte Produkt (wir nehmen an ebenfalls Lebensmittel und Getränke) zum Stillen seines Hungers und seines Durstes einsetzen. Dadurch wird *auch* B keine Einnahmen mehr haben und in der Folge auch *A nicht mehr bezahlen* können. Schließlich wird B dem A daher *kündigen* müssen. A wird also kein Einkommen mehr erzielen. Damit nimmt das gesamte System ein tragisches, katastrophales Ende.

Nochmals mit anderen Worten:

Damit A sich *weiter* ein Vermögen zur Vorsorge für das Alter aufbauen kann, würde es nun notwendig sein, dass er die erneut erworbene Geldeinheit auch erneut wieder bei der Bank anlegen kann, und dass diese Aktivitäten immer weiter so laufen. Doch: C wird kein Interesse daran haben, sich immer weiter bei der Bank (und damit letztlich bei A) zu verschulden, und zwar in dem Umfang. wie sich A dies wünscht als Vermögen für sein Alter. Im Gegenteil: C wird ein sehr großes Interesse daran haben, *sehr bald schon* das von ihm entwickelte Produkt zur "Marktreife" gebracht zu haben und es damit an A *verkaufen* zu können. Sobald C sein Produkt zur Marktreife entwickelt haben wird, wird A also *keine* Möglichkeiten mehr haben, sein Guthaben bei der Bank aufzustocken. Weil die Bank keinen weiteren Kredit mehr an C wird vergeben können. Übrigens wird die Bank auch kein und *unbegrenzt* großes Vertrauen in C haben, ihn also nicht für *unbegrenzt* kreditwürdig halten. Auch vor *diesem* Hintergrund wird sie ihm keinen weiteren Kredit einräumen und damit aber auch A keine weitere Anlagemöglichkeit bieten. An diesem Punkt würde die Möglichkeit für A *enden*, sich ein Vermögen für die private Altersvorsorge aufzubauen. Und jenes Vermögen, das er sich durch Anlage bei "der Bank" bzw. de facto bei dem Start-up- Unternehmer C bis dahin aufgebaut haben wird, wird *bei weitem nicht* ausreichen, um im Alter versorgt zu sein.

Um sein Vermögen *weiter* anwachsen zu lassen, wäre es daher notwendig, dass es z.B. einen *weiteren* Start-up- Unternehmer gibt, D, der ein Produkt entwickelt, und der dafür bereit ist, einen Kredit bei der Bank aufzunehmen und dem die Bank auch entsprechende Kreditwürdigkeit zutraut, so dass sie bereit ist, entsprechende Kredite zu gewähren.

Darüber hinaus existiert aber folgende Problematik, die vermutlich sogar den *Kern* der Schwierigkeiten darstellt: C ist ja keineswegs daran gelegen, *auf Dauer* verschuldet zu bleiben, konkret: so lange verschuldet zu bleiben, bis A in den Ruhestand eintritt. Das *Gegenteil* ist der Fall: Er wird alles dafür tun, um die Schulden, die er gegenüber der Bank (und damit indirekt gegenüber A) hat, so schnell wie möglich *abzubauen*. Damit *widersprechen* sich aber die Pläne von A und C. Und dies in einer fast schon dramatischen Weise. A will sich ein Vermögen aufbauen, C hingegen möchte sich nur so *kurz* wie möglich verschulden und so schnell wie möglich diese Schulden wieder *abbauen*.

Wenn wir also in der Realität davon sprechen, "unser Geld arbeiten" zu lassen, um uns Vermögen für die so genannte private Altersvorsorge anzusparen, bin ich mir mittlerweile sehr sicher, dass wir damit einem fast unglaublichen Fehlverständnis aufsitzen, welches fatale Folgen hat. Wie wir in diesem Modell und in dieser Simulation gesehen haben, setzt ein Vermögen aufzubauen (siehe Beispiel A) voraus, dass es eine *andere* Person gibt, die a) bereit ist, sich zu verschulden, und die wir b) für kreditwürdig halten (siehe Beispiel C). Und dies im Umfang jenes Vermögens, welches der Sparer bzw. vermeintliche Vorsorger (A) für seinen Ruhestand vorsieht, was ja schnell bei 25 Jahren Ruhestand und einem hohen fünfstelligen Betrag pro Jahr (bei einem "Durchschnittsbürger") liegt.

Was ich mit diesem Modell und dieser Simulation zeigen wollte ist also, dass "Geld arbeiten zu lassen" lediglich ein *geflügeltes Wort* ist, und das auch "Geldanlage" *nichts anderes ist,* als dass man *andere Menschen* für sich arbeiten lässt. Wenn nun zahlreiche Personen, die in der Öffentlichkeit stehen, wie z.B. viele politische Entscheidungsträger, Wissenschaftler, Unternehmer etc., die staatliche Rente als unsicher bezeichnen und als Lösung dafür dringend fordern, dass jeder Mensch "private Altersvorsorge" betreibt, dann kann ich für mich leider nur konstatieren, dass zwar tatsächlich die staatliche Rente unsicher ist, es aber eine "private Altersvorsorge" *nicht gibt*, weil diese eben nichts anderes ist als eine Kreditbeziehung zwischen je zwei Personen, also eine Guthaben-Schulden-Beziehung, bei der die "vorsorgende" Person diejenige ist, die das Guthaben besitzt (so weit, so gut), dies aber eben auch die Existenz einer *anderen* Person voraussetzt, die eben Schuldner ist. Und mit der obigen Simulation hoffe ich gezeigt zu haben, dass auch die "Anlage" bei "Unternehmen" an dieser Tatsache *nichts ändert*.

Meine Vermutung, weshalb es zumindest *zahlreichen* Menschen in Deutschland gelingt, tatsächlich Geld in nennenswertem Umfang anzulegen und sich ein Vermögen für das Alter aufzubauen: während die staatliche Rente auf Beitragszahler innerhalb Deutschlands beruht, ist *Geldanlage* natürlich auch *grenzüberschreitend* möglich. Mit anderen Worten: eine Person in Deutschland kann sehr viel Geld bei Ihrer Bank anlegen, da diese Bank Kredite in sehr großem Umfang *im Ausland* vergeben kann (und nicht nur auf Kreditvergabe an Schuldner im Inland, in Deutschland, angewiesen ist). Dies, so glaube ich, ist ein wesentlicher Grund dafür, dass wir den *Eindruck* haben, Geld unbegrenzt anlegen zu können. Dass dafür sich aber Menschen *in anderen Ländern* verschulden müssen, sehen wir nicht. Wenn ich diesen Gedanken weiter denke, dann scheint es mir klar, dass wir Deutschen für unsere ("private") Altersversorgung darauf vertrauen, dass sich Menschen im Ausland bei uns (über unsere Bank) verschulden, und dies bis in unser Rentenalter. In diesem Falle wäre C aus unserem obigen Beispiel ein Start-up-Unternehmer irgendwo auf der Welt. Selbst *dann* würde es zwar nicht funktionierten, weil die Pläne von C und A sich widersprechen, wie wir oben gesehen haben. Aber da es ja *weltweit ungleich viel mehr* Unternehmer gibt als nur in Deutschland, könnte eben bei uns der *Eindruck* entstehen, dass es Anlagemöglichkeiten in nahezu unbegrenzten Umfang gibt. Und dass dadurch die Möglichkeiten einer privaten Altersvorsorge in nahezu unbegrenzten Umfang gegeben sind, soweit wir dies möchten.

4.6   Internationaler Handel

Um *internationalen* Hand aus der Sicht von Tauschprozessen zu beschreiben, wähle ich ein 4-Personen-Modell der Weltwirtschaft.

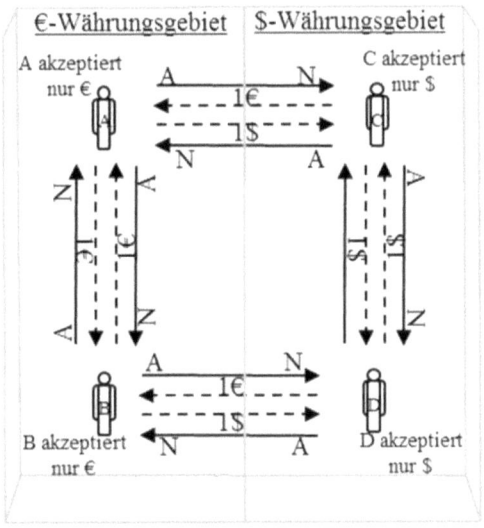

Weil ich natürlich 2 *Währungsgebiete* (Länder, "Volkswirtschaften") benötige, im Modell "Euros (€)" und "Dollars ($)". Und in jedem Währungsgebiet muss ich mit mindestens 2 Personen arbeiten, die ihre Tauschprozesse *untereinander* mit Hilfe ihrer jeweils *eigenen* Währung (Euros bzw. Dollars) organisieren ("Binnenhandel"). Also A und B im Euro-Währungsgebiet mit Euros, C und D im Dollar-Währungsgebiet mit Dollars. Wenn nun aber jemand Tauschprozesse (auch) mit einem Zeitgenossen aus dem *anderen* Währungsgebiet realisieren will, stößt er auf das Problem, dass dieser andere nur die eigene Währung akzeptiert. Wenn im Beispiel also A mit C einen Tausch eingehen möchte, stößt er auf das Problem, dass C nur Dollars akzeptiert. Und er selbst, A, akzeptiert natürlich auch nur Euros, während C aber nur Dollars besitzt.

Ich kann an dieser Stelle aber A und C *herausgreifen* und das 4-Personen-Modell der Weltwirtschaft auf ein 2-Personen-Modell *reduzieren*. Auf ein Modell, in dem sich *eine* Person "im Euroraum" befindet (A) und *eine* im "$-Raum".

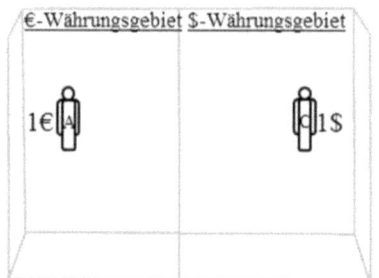

Anm.: Dadurch werden die Effekte *noch klarer sichtbar*. Etwas *"unsinnig"* ist *dieses* Modell zwar natürlich *dadurch*, dass eine 2-Personen-Gesellschaft / -Weltbevölkerung nicht eine Geldmenge mit zwei *verschiedenen* Geldeinheiten verwendet (1 x Euro, 1 x Dollar). Also eben dem einen 1 Euro gibt und dem anderen 1 Dollar. Doch die *Spezifika* des *internationale Handels* lassen sich an einem genau *solchen* Modell m.E. *am klarsten* aufzeigen.

A und C haben nun beide die (zueinander kompatiblen) Pläne, dass jeder den anderen gerne für sich arbeiten lassen möchte im Tausch gegen eigene Arbeit. D.h. sich jeder von anderen einen Nutzen stiften lassen möchte, ein Bedürfnis stillen lassen möchte. Mit der Arbeit bzw. dem Nutzen, auf den sich dieser spezialisiert hat. (Wie in einem ganz gewöhnlichen Tauschprozess.)

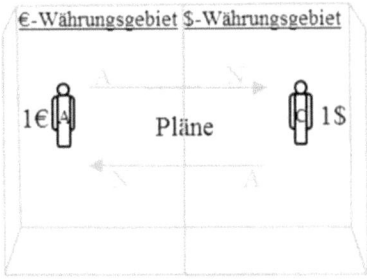

A akzeptiert aber nur Euros, C nur Dollars.

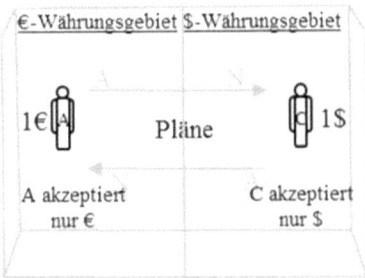

A muss also in den Besitz des Dollars kommen und C in den Besitz des Euros. D.h. sie müssen sich (auch) darauf einigen, ihre *Geldeinheiten* zu *tauschen*. In der *Realität* würde man "an den Devisenmarkt" gehen, bzw. noch näher an der Realität: "zur Bank" gehen und sich die benötigten "Devisen besorgen".

Wenn A und C sich auf einen "Wechselkurs" von 1€:1$ einigen, ist der Tauschprozess ein völlig *normaler*.

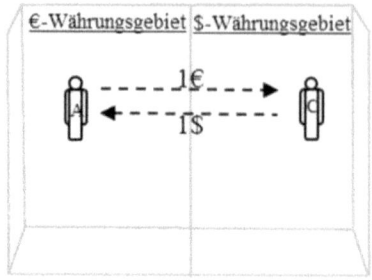

Das Ergebnis des Devisentausches besteht zunächst darin, dass A 1 Dollar besitzt und C 1 Euro. (Im Modell: A den einzigen existierenden Dollar und C den einzigen existierenden Euro.)

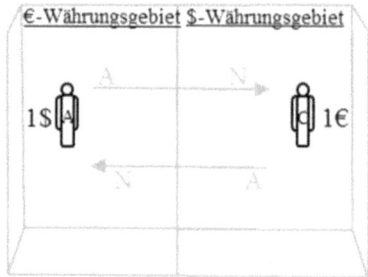

Denn dann wird jeder der beiden für den jeweils anderen exakt 1 Arbeitseinheit (AE) leisten, d.h. 1 Nutzeneinheit (NE) Nutzen stiften bzw. Bedürfnisse im Umfang von 1 Bedürfniseinheit (BE) stillen.

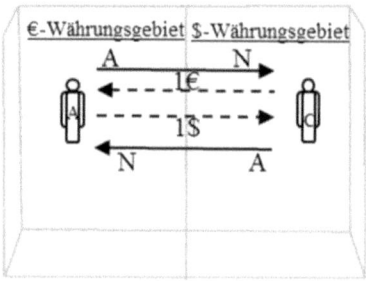

Jeder hat nun vom jeweils anderen 1 Arbeitseinheit geleistet bekommen, also 1 Nutzeneinheit gestiftet bekommen. Und die beiden Geldeinheiten befinden sich wieder in demjenigen Währungsraum, zu dem sie gehören.

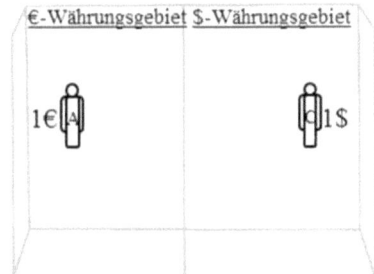

Erweitern wir wieder auf ein 4-Personen-Modell der Weltwirtschaft, um der Realität wieder ein klein wenig näher zu kommen.

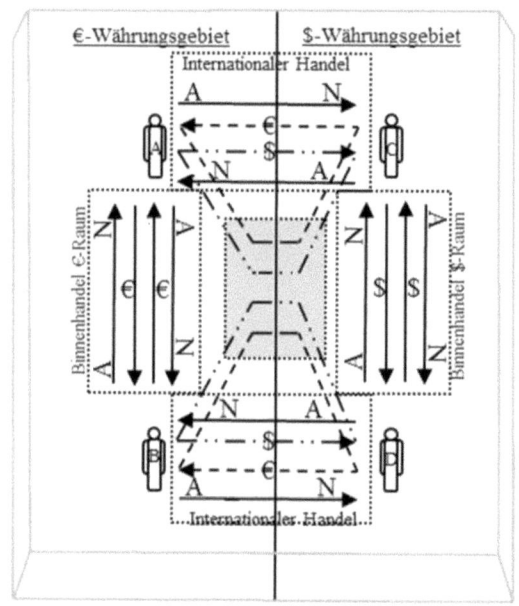

▢ Tausch von Währungen, landläufig als "Devisenmarkt" bezeichnet

Wichtig und interessant wäre nun natürlich zu analysieren, wie und in welcher Weise, Wechselkurse ungleich 1:1 zustandekommen und welchen Einfluss diese wiederum auf die Tauschprozesse haben. Dies hier auszuführen würde aber den Rahmen dieser Arbeit überschreiten. Mein Ziel für dieses Kapitel war es, Ihnen aufzuzeigen, wie das Phänomen "internationaler Handel" oder "Außenhandel" aus der Perspektive von Tauschprozessen in einem Modell der Weltwirtschaft mit einer sehr überschaubaren Anzahl von Menschen dargestellt werden kann. Alles weitere werde ich in weiteren Veröffentlichungen ausführen.

4.7 Konjunktur und Wirtschaftskrisen

Die Themen "Konjunktur", "Wirtschaftswachstum" und "Wirtschaftskrisen" werden meiner Wahrnehmung nach oft gerne als Faktoren wahrgenommen, die unser tägliches Leben beeinflussen, die wir aber umgekehrt *nicht* beeinflussen können. Ich möchte diese Themen deswegen an dieser Stelle kurz einmal systematisch darstellen. Wie immer hier aus der Perspektive von Tauschprozessen.

Die Konjunktur in einem Modell mit nur 1 Person:

Am einfachsten lässt sich die Konkunktur in einem Modell der Weltwirtschaft mit lediglich einer Person zeigen.

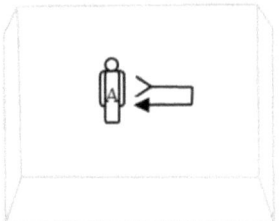

Hier ist ganz klar: diese Person geht es genauso gut, wie viel sie arbeitet. D.h. ihr *Wohlstand* hängt unmittelbar von ihrer *Motivation* (und von ihren Fähigkeiten) ab. Und außerdem davon, welche natürlichen Ressourcen (Rohstoffe etc.) sie aus eigener Kraft erreichen kann.

Die Konjunktur in einem Modell mit 2 Personen, Arbeitsteilung, Spezialisierung und Tauschprozessen ist im folgenden abgebildet.

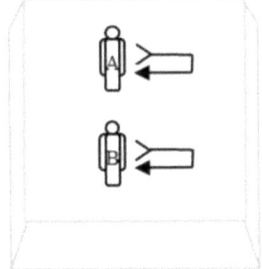

Solange beide *nur für sich selbst* arbeiten, bleibt das Ergebnis grundsätzlich *das selbe* wie in dem 1-Personen-Modell. Der Wohlstand jedes einzelnen der beiden hängt von seiner Motivation ab (und von seinen Fähigkeiten sowie von den

Rohstoffen, die er aus eigener Kraft erreicht). Allerdings: falls die beiden um die selben Rohstoffe *konkurrieren*, hängt der Wohlstand eines jeden auch davon ab, wie viele Rohstoffe zu bekommen ihm gelingt.

Wenn die beiden nun *Eigentum* an *Grundstücken* und *Rohstofflagerstätten* vereinbaren und sich auf *Arbeitsteilung, Spezialisierung* und *Tausch* einigen, dann hängt der Wohlstand eines jeden von beiden *auch* von der Motivation und den Fähigkeiten *des jeweils anderen* ab.

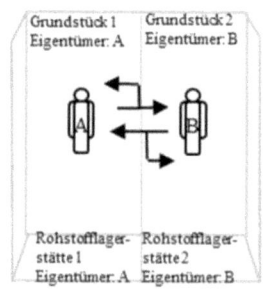

Mit Geld:

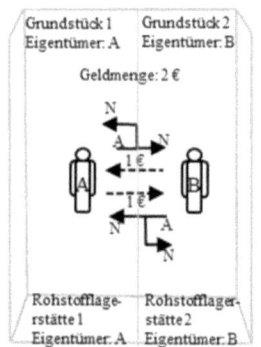

A   Arbeitsleistung
N   Nutzen (im Sinne des Stillens eines Bedürfnisses)

Falls (zufälligerweise) beide genau gleichermaßen *motiviert* (und fähig) sind, so werden sie beide zufrieden sein, d.h. ihre Bedürfnisse genau in jenem Umfang stillen können, der Ihrer Motivation entspricht. Beide werden eine "zufrieden stellende Konjunktur" empfinden. Ist *einer von beiden weniger motiviert*, dann wird der *jeweils anderen*, also der *motiviertere* von beiden, eine *Konjunkturkrise* empfinden. Denn *dieser* kann dann Tauschvolumina *nicht* in demjenigen Umfang mit dem anderen realisieren, die er sich wünscht. Er wird nicht so viel von diesem erhalten können und deswegen natürlich auch nicht so viel für ihn arbeiten. Nehmen wir an, A sei der motiviertere und B der weniger motivierte. Dann kann A den B nicht so viel für sich arbeiten lassen wie er, A, dies wünscht. In der Realität würden wir davon sprechen, dass A nicht so viele Aufträge hat, wie er sich dies wünscht, ein geringeres Einkommen, als er gerne hätte und er sich dementsprechend weniger "leisten" kann, als es seinen Vorstellungen entspricht.

Es gibt aber auch die Möglichkeit, dass *beide weniger zu kaufen* bereit sind (vom jeweils anderen), als es ihrer Motivation (und ihren Fähigkeiten) entsprechen würde. Dies ist z.B. der Fall, wenn beide *sparen* wollen. Z.B. aus Gründen der Altersvorsorge. Dann wollen nämlich beide mehr arbeiten als sie zu kaufen bereit wären. In *diesem* Falle haben *beide* den Eindruck einer Wirtschaftskrise bzw. einer schwachen Konjunktur. Denn sie beide können eben weniger verkaufen und haben dadurch ein geringeres Einkommen, als es ihren Vorstellungen entspricht.

Die Konjunktur in einem Modell mit Unternehmen:

Ein Beispiel mit Unternehmen (wie ich Unternehmen grundsätzlich darstelle, habe ich in 0 erläutert):

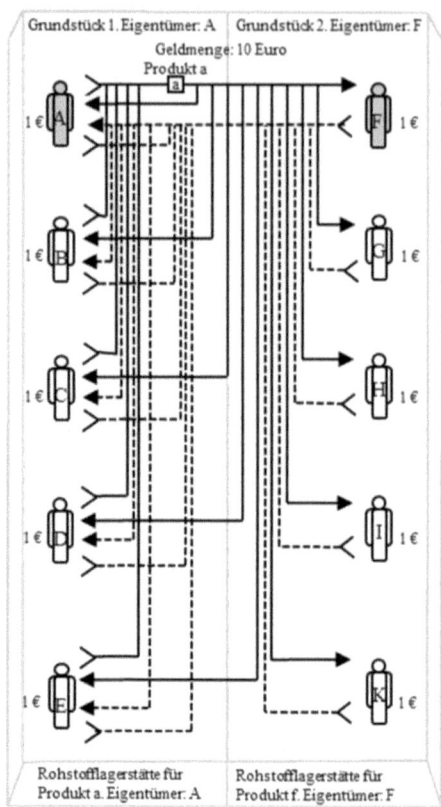

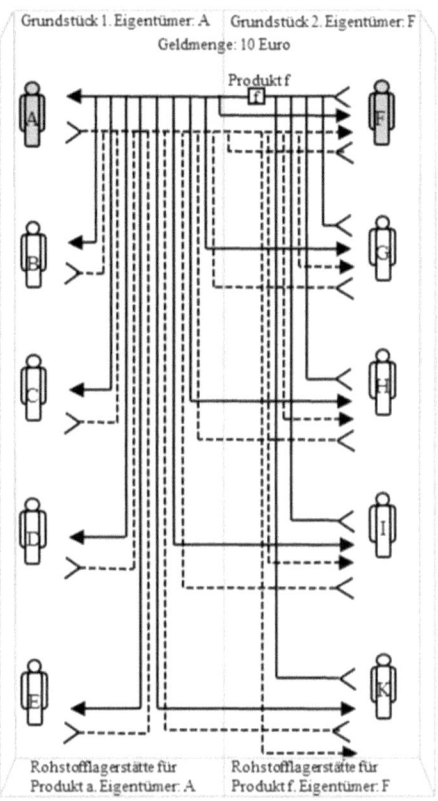

Dieses Modell habe ich in zwei Teile unterteilt, weil es sonst zu komplex wäre. Die Nutzenstiftungsprozesse der Personen, die bei Unternehmer A arbeiten, habe ich in Teil 1 dargestellt. Diejenigen der Personen, die bei Unternehmer F arbeiten, in Teil 2.

Hier läuft die "Konjunktur" *genau dann* zur Zufriedenheit aller Menschen, wenn alle unter der Führung der Unternehmer (die grau markierten A und F) so viele Produkte a und f herstellen, wie sie gemeinsam auch zu kaufen wünschen. Eine *"Konjunkturkrise"* erleben zumindest einige dieser Zeitgenossen *dann*, wenn z.B. einer der Unternehmer keine Motivation mehr verspürt, ein solch großes Unternehmen zu leiten, und aus diesem Grunde "Personal abbaut". Oder wenn einer der Zeitgenossen, nehmen wir z.B. E, *nicht* dazu bereit ist, sein gesamtes Einkommen auch wieder *auszugeben*, sondern *sparen* möchte, das vor allem mit dem Ziel der "privaten Altersvorsorge". Wenn er dieses Geld also schlichtweg *zurückbehält* (bis zum Eintritt in den Ruhestand). In diesem Fall verspürt der Unternehmer, nehmen wir z.B. A, eine *Absatzkrise*. Denn E kauft ihm ja "am Ende des Tages" nicht das Produkt ab, das sie selbst zuvor gemeinsam hergestellt haben. Für E gemeinsam hergestellt haben. Infolge dieser Absatzkrise verspürt A die Notwendigkeit, Personalkosten zu sparen und entlässt einen seiner Mitarbeiter. Ich nehme der Vereinfachung halber einmal an, dass A denn auch den E entlässt. (In der Realität wird natürlich nicht automatisch diejenige Person entlassen, die spart.)

Dasselbe nehme ich auch für Unternehmer F und den Zeitgenossen K an. Wieder dargestellt in zwei Teilen.

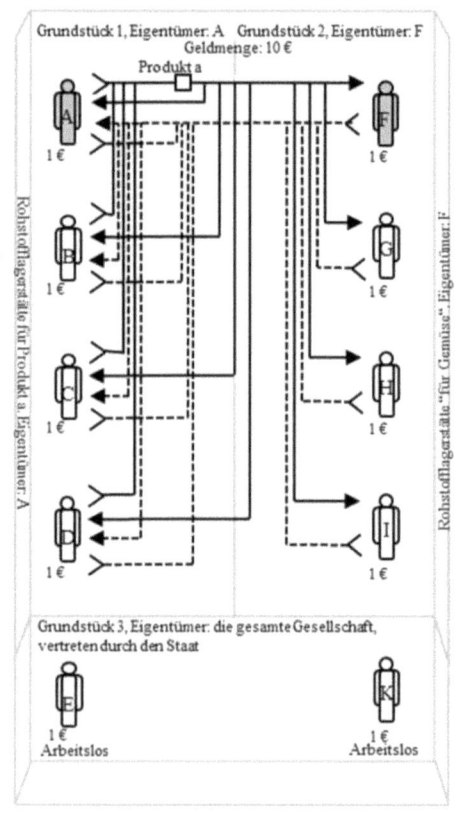

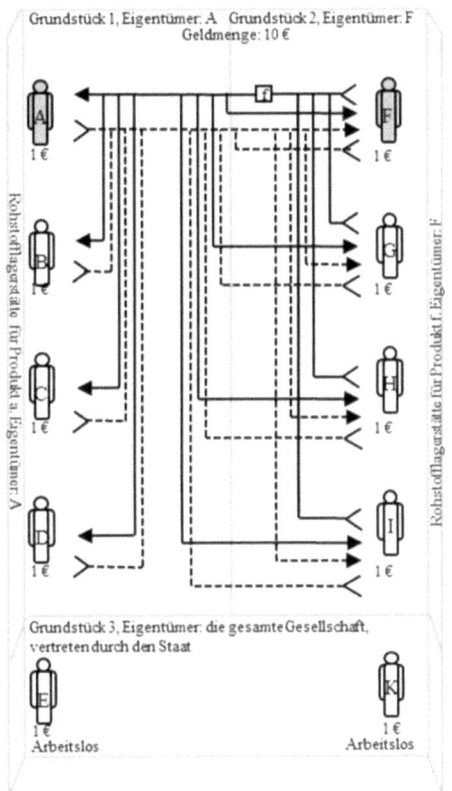

A hat nun E entlassen und F hat K entlassen. Ich positioniere E und K nun auf einem Grundstück, welches *der gesamten Gesellschaft* gehört und durch *den Staat* verwaltet wird. Wobei ich den Staat allerdings nicht explizit darstelle, weil das Modell sonst zu komplex werden würde. Dieses Grundstück entspricht in der Realität etwa einem Grundstück des sozialen Wohnungsbaus. Das Ergebnis ist nun also, dass der Unternehmer A den Zeitgenossen E nicht mehr an der Herstellung der Produkte a mitarbeiten lässt und E deswegen auch kein Einkommen mehr hat, mit dem er sich etwas kaufen könnte. Gleiches gilt für F und K. Eine *Wirtschaftskrise* empfinden nun A, F, E und K. A und F, weil sie nicht mehr so viel Produkte herstellen und absetzen können, wie sie sich das eigentlich *wünschen* würden. E und K, weil sie *gänzlich* aus diesen täglichen Tauschprozessen *ausgeschlossen* sind.

Das Volumen der täglichen Tauschprozesse, also die Konjunktur, ist also *geringer* geworden, weil keine Tauschprozesse mit E und K mehr stattfinden.

Die Konjunktur in einem Modell mit Staat:

Nun möchte ich Ihnen das Thema Konjunktur und Konjunkturkrise noch in einem Modell mit Staat darstellen.

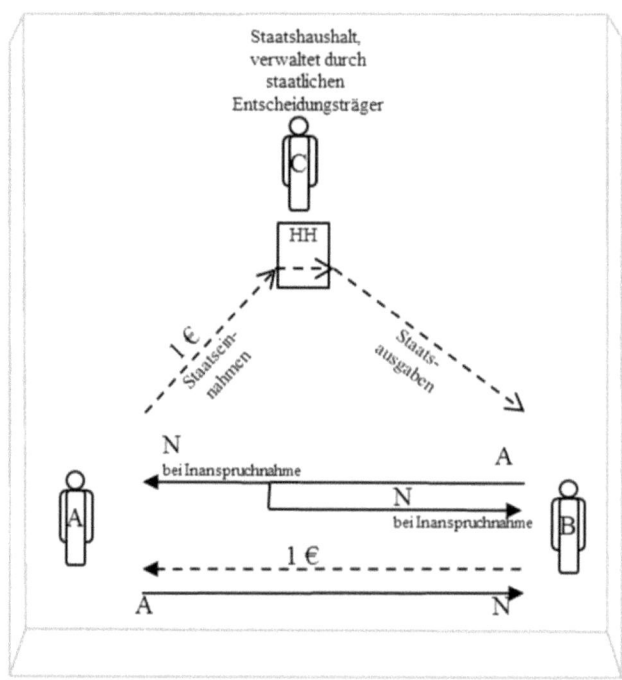

Weiter oben habe ich bereits ausgeführt, dass staatliche Aktivitäten nichts anderes sind als die staatlich Organisation von Tauschprozessen. Der Staat beschafft sich beim Steuerbürger A 1 Euro und gibt diesen einem Zeitgenossen B, verbunden mit einem Auftrag, durch Arbeit einen öffentlichen Nutzen zu stiften. Z.B. einem Richter , um für Rechtssicherheit zu sorgen. B seinerseits gibt diesen Euro A wieder zurück, verbunden mit dem Auftrag, A möge für ihn arbeiten und ihm dadurch einen Nutzen stiften. Der Staat macht dies, weil A dem B *kein* Geld für die Verrichtung dieser "öffentlichen" Arbeit geben würde. Z.B.

weil es A an Weitblick mangelt und er nicht erkennen kann, dass die Arbeit des B wichtig ist. (Wir Wirtschaftswissenschaftler sprechen in diesem Zusammenhang gerne von "Marktversagen".) Würde der staatliche Entscheidungsträger C dem A also *nicht* Geld abnehmen und es dem B geben (verbunden mit dem Auftrag zu arbeiten), dann würde dieser Tauschprozess A⇆B also möglicherweise *nicht* zu Stande kommen. Vor diesem Hintergrund argumentiert, führen staatliche Aktivitäten zu Tauschprozessen, also zu Konjunktur. Das Unterbleiben solcher staatlichen Aktivitäten führt also zu weniger Konjunktur. Denn ohne diese staatlichen Aktivitäten würde B *nicht* für A arbeiten und diesem einen Nutzen stiften, weswegen dann auch A nicht für B arbeiten und diesem einen Nutzen stiften würde.

Wenn allerdings der staatliche Entscheidungsträger C *keine* Steuern von A erheben würde, um diese B zu geben (verbunden mit einem Auftrag) und A dem B das Geld *selbst* geben würde (verbunden mit einem Auftrag), *dann* hätte die staatliche Aktivität *keine* positive Wirkung auf die Konjunktur. Sie hat *nur dann* eine solch positive Wirkung auf die Konjunktur, wenn A das Geld *sparen* würde. Wenn er also das Geld *nicht* B geben würde (verbunden mit einem Auftrag).

Die Konjunktur in einem Modell mit Transferzahlungen:

Transferzahlungen wirken sich *nicht* auf die Konjunktur aus.

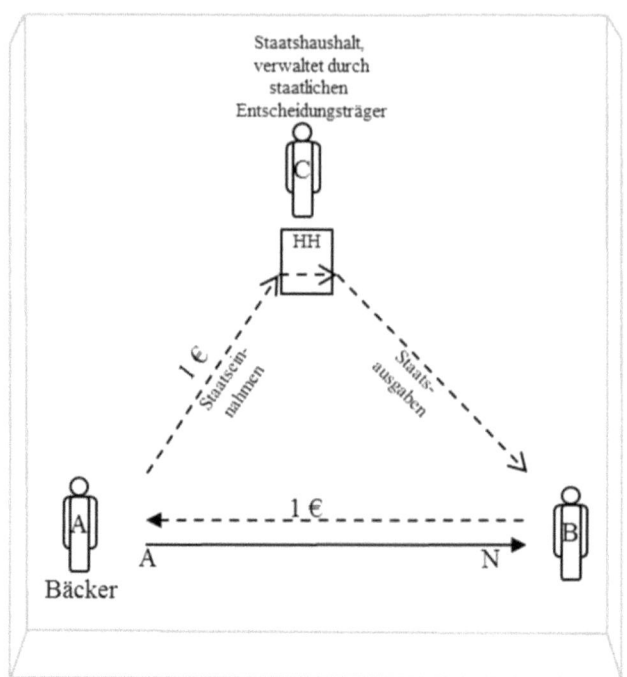

Sie bestehen lediglich darin, dass A dem B eine Geldeinheit bezahlt. Ohne dafür von B einen Nutzen gestiftet zu bekommen. Im Anschluss an diese Transferzahlung ist nun B in der Lage, sich von A einen Nutzen stiften zu lassen (gegen Bezahlung dieser Geldeinheit).

Es handelt sich um einen *Versorgungs*-Prozess, in dem A für B arbeitet, ohne von B eine Gegenleistung zu erhalten. Unter *Konjunktur* verstehe ich allerdings das Volumen der *Tausch*-Prozesse. Ich wäre zwar durchaus damit einverstanden, unter Konjunktur auch solche *Versorgungs*-Prozesse zu verstehen. Allerdings lediglich insoweit, als es sich um die Versorgung von all *jenen* Menschenhandelt, die *nicht mehr arbeiten können*. Die Versorgung von Menschen mit einzubeziehen, die zwar arbeitsfähig sind aber nicht arbeiten, finde ich *problematisch*, weil hier ja Menschen (im Beispiel: A) für andere Menschen arbeiten (im Beispiel: für B), obwohl diese *selbst* arbeiten könnten.

Die Konjunktur im Lichte der einkommensabhängigen Steuererhebung:

Wenn die Steuer nach dem Leistungsprinzip erhoben wird, bedeutet das, dass die Steuer in Abhängigkeit vom Einkommen berechnet wird.

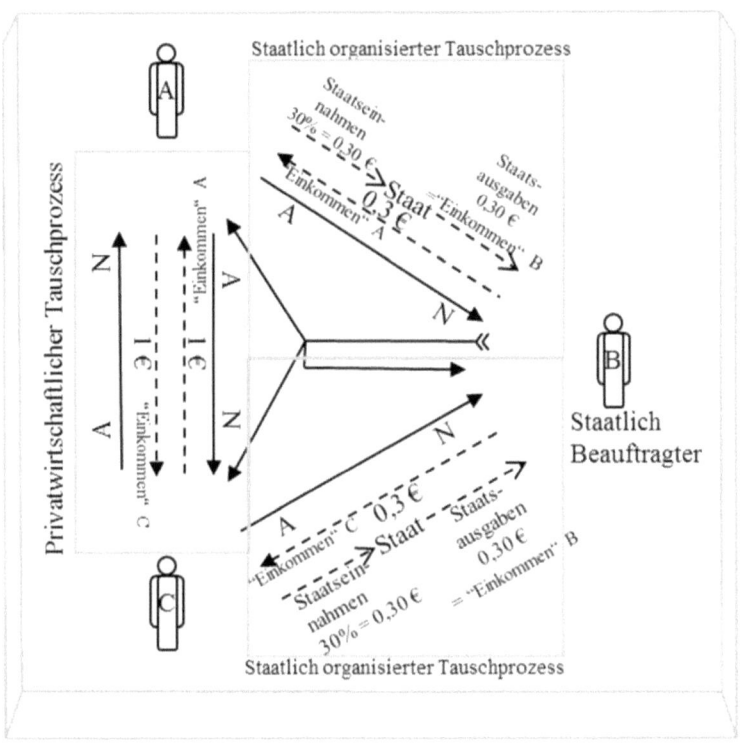

Das bedeutet gleichzeitig, dass das Volumen der Tauschprozesse, die staatliche Entscheidungsträger organisieren, von den Volumen *privater* Tauschprozesse abhängen. Aus Sicht des Themas Konjunktur beurteile ich dies als *Nachteil*. Denn *rein logisch* gesehen besteht ja *kein* Anlass dafür, dass A und B in geringerem Umfang Tauschprozesse miteinander realisieren (und auch C und B), nur weil *A und C* in geringerem Umfang Tauschprozesse miteinander abwickeln (am Beispiel des Modells argumentiert).

Die Konjunktur und schuldenfinanzierte Staatsausgaben:

In dem Moment, in dem der Staat bei A Schulden aufnimmt und das ihm dadurch zufließende Geld B gibt, verbunden mit einem Auftrag, stößt er natürlich einen Tauschprozess an.

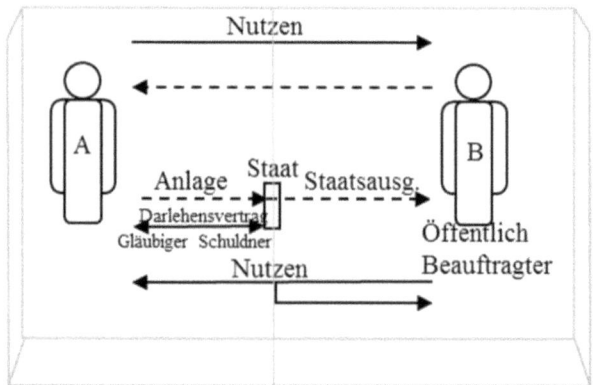

Denn B wird daraufhin für A arbeiten (A←B). Und in der Folge wird B den A wiederum für sich arbeiten lassen ("etwas bei ihm kaufen"). Also wird A auch für B etwas arbeiten (A→B). Insofern lässt sich m.e. durchaus davon sprechen, dass sich schuldenfinanzierte Staatsausgaben positiv auf die Konjunktur auswirken. Dies dürfte der Zusammenhang sein, den jene Menschen sehen, die dafür plädieren, "Konjunkturpakete" zu schnüren, auch wenn diese nur mit der Aufnahme von Schulden zu finanzieren seien.

Der Staat "linkt" hier quasi den A, in dem er ihm *vorspiegelt*, sein Geld zwecks Geldanlage entgegenzunehmen, tatsächlich gibt er es aber *unwiderruflich und unverzinslich* dem B weiter (verbunden mit einem Auftrag). Von hier an läuft zunächst alles genau so weiter wie bei einem ganz normal *steuerfinanziert* organisierten Tauschprozess. D.h. B arbeitet etwas für A (A←B), kauft sich aber anschließend von dem Geld etwas von diesem, so dass auch A für B arbeitet (A→B) und der Tauschprozess damit *abgeschlossen* ist. Einige Jahre *später* dann, im Zeitpunkt der Tilgung, muss A sich dann die Hälfte des vermeintlich angelegten Betrages *selbst* zurückzahlen. (Die *Zins*-Zahlungen lasse ich der Vereinfachung halber an dieser Stelle einmal außer acht – sie sind für die hier aufzuzeigende Problematik denn auch fast irrelevant). Nämlich im Wege der Zahlung der *Steuer*, die der Staat von ihm erhebt, um ihn anschließend den Darlehensbetrag vermeintlich *zurückzahlen* zu können.

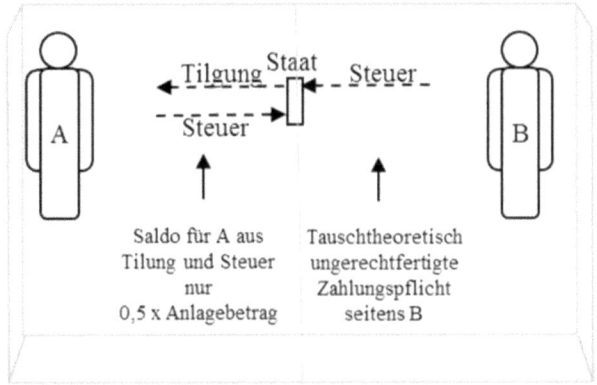

Im Ergebnis hat A also im Zeitpunkt der vermeintlichen Geldanlage gar nicht den gesamten zur Anlage bestimmten Betrag angelegt, sondern nur zur Hälfte, und die andere hat er *wie eine Steuer* an den Staat gezahlt. Normalerweise würde er zum Zeitpunkt der Tilgung 100 % des Geldes zurückerhalten womit er nun bei B etwas kaufen könnte. Tatsächlich erhält er aber nur 50 % des Geldes zurück. Und B kann im Zeitpunkt der Tilgung nicht 100 % seines Gehaltes ausgeben, um bei A etwas zu kaufen, sondern nur 50 %.

"Schuldenfinanzierung" führt also dazu, dass im Zeitpunkt der vermeintlichen Geldanlage ein ganz normaler staatlich organisierter Tauschprozess zwischen den beiden realisiert wird, was in genau diesem Umfang zu einer Erhöhung der Konjunktur führt, was *ohne* diese Schuldenfinanzierung wahrscheinlich *ausgeblieben* wäre. Denn ich nehme an, dass A mit diesem Geld *nichts* bei B gekauft hätte, da er es ja *sparen* wollte. Doch im Zeitpunkt der *Tilgung* führt diese Vorgehensweise zu erheblichen *Ungerechtigkeiten* sowohl für A als auch für B.

4.8 Wettbewerb – Vorteile und Probleme

Ich nehme wahr, dass die meisten von uns Menschen Wettbewerb als *Vorteil* wahrnehmen, wenn er für uns in unserer Rolle *als Verbraucher* z.B. *innovative Produkte* hervorbringt oder zu *sinkenden Preisen* führt. Als *Nachteil* empfinden wir ihn, wenn *wir selbst Wettbewerber sind*. Als Unternehmer, als Freiberufler oder als Bewerber auf dem Arbeitsmarkt. Mein Anliegen ist es daher, einmal *systematisch* zu ergründen, wie im Rahmen von Tauschprozessen Wettbewerb entstehen kann und zu welchen Folgen er führt.

Ich möchte dabei erklären, wie eine Wettbewerbssituation aus einer *gleichgewichtigen Situation heraus* entstehen kann. Denn: ein Gleichgewicht ist für jeden einzelnen von uns extrem wichtig, denn "Gleichgewicht" bedeutet ja, dass jeder von uns seine Bedürfnisse in demjenigen Umfang stillen kann, der seiner Motivation entspricht (so weit er auch die entsprechenden Fähigkeiten besitzt).

Ein Gleichgewicht kann herrschen, wenn alle 3 Personen je ein eigenes Produkt anbieten, also etwa A Tee, B Gemüse und C Wärme, und wenn die Motivation jeder einzelnen Person genau der Summe der Motivationen der beiden anderen Personen entspricht.[35] Der Vereinfachung halber habe ich in der Graphik für jede Person *gleiche* Zahlen verwendet.

A:
Bedürfnisse :
2 l   Tee
2 kg   Gemüse
2 h   Wärme

Leistungsfähig-
keit
und Motivation:
6 l   Tee

Gleichgewicht:

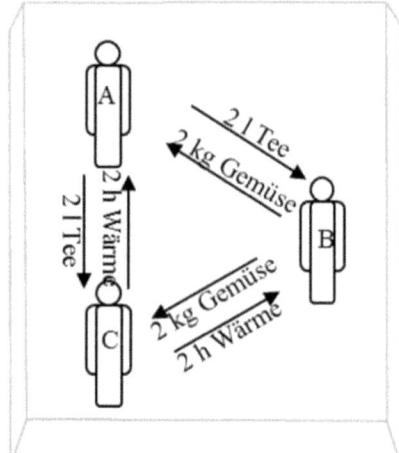

B:
Bedürfnisse:
2 l   Tee
2 kg   Gemüse
2 h   Wärme

Leistungsfähig-
keit
und Motivation:
6 kg   Gemüse

C:
Bedürfnisse:
2 l   Tee
2 kg   Gemüse
2 h   Wärme

Leistungsfähig-
keit
und Motivation:
6 h   Wärme

---

[35] Genauer gesagt: der *kleineren* der beiden Variablen "Motivation" und "Leistungsfähigkeit", oder, formal ausgedrückt: dem Minimum aus Leistungsfähigkeit und Motivation. Aber der Vereinfachung und Lesbarkeit halber habe ich hier nur "Motivation" geschrieben.

Ein Gleichgewicht kann aber *auch* herrschen, wenn *zwei* dieser drei Personen das *gleiche* Produkt anbieten, sofern die Summe der Motivationen dieser beiden der Motivation der dritten Person gleicht.

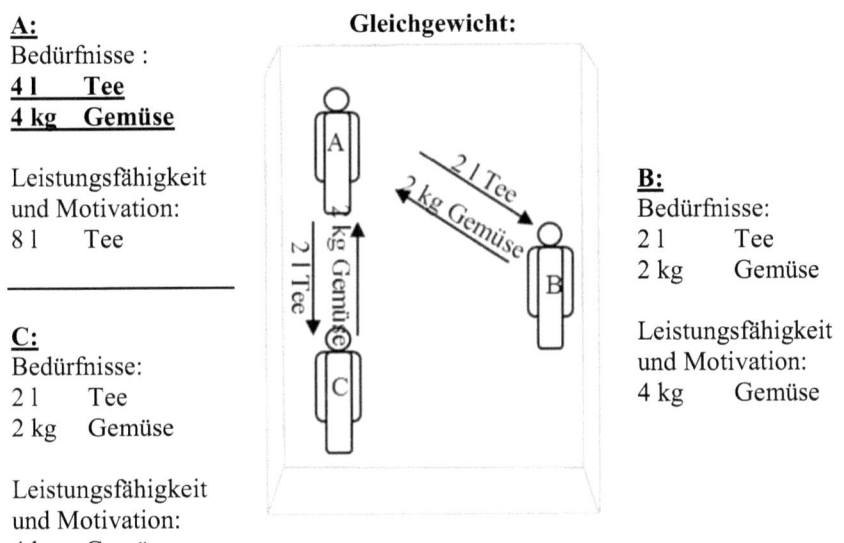

A:
Bedürfnisse :
4 l   Tee
4 kg   Gemüse

Leistungsfähigkeit
und Motivation:
8 l   Tee

C:
Bedürfnisse:
2 l   Tee
2 kg   Gemüse

Leistungsfähigkeit
und Motivation:
4 kg   Gemüse

Gleichgewicht:

B:
Bedürfnisse:
2 l   Tee
2 kg   Gemüse

Leistungsfähigkeit
und Motivation:
4 kg   Gemüse

In diesem Fall stiften sich A und C täglich gegenseitig einen Nutzen und A und B, *nicht* aber B und C! Alle sind zufrieden, weil jede Person ihre Bedürfnisse vor dem Hintergrund ihrer Kapazitäten[36] befriedigt sieht. Allerdings kann A *mehr* seiner Bedürfnisse befriedigen als B und C, weil er in größerem Umfang Leistungsfähigkeit und Motivation besitzt als die beiden anderen, mithin eine *größere Kapazität* hat, und er dadurch die gesamte tauschrelevante Kapazität der beiden anderen auf *sich* konzentriert, so dass die beiden *untereinander keine* Tauschprozesse eingehen.

Aus einer *solchen* Konstellation heraus kann Wettbewerb entstehen. Dies ist *dann* der Fall, wenn B und/oder C beginnen danach zu streben, künftig einen *größeren* Teil ihrer Bedürfnisse befriedigt zu bekommen, als das bislang der Fall war. Sie werden sich zum Ziel setzen, ihre *Leistungsfähigkeit auszubauen*,

---

[36] Den Begriff "Kapazitäten" verwende ich hier als das Minimum aus Leistungsfähigkeit und Wille/Motivation. Wenn jemand 10 Mengeneinheiten (ME) zu leisten *motiviert* ist, aber nur die *Kraft* für 8 hat, kann er eben nur 8 produzieren, seine Kapazität ist also 8 ME.

und sie werden mit einer *erhöhten Motivation* ans Werk gehen, um künftig *mehr* zu *leisten* und dadurch *mehr* mit A *tauschen* zu können.[37]

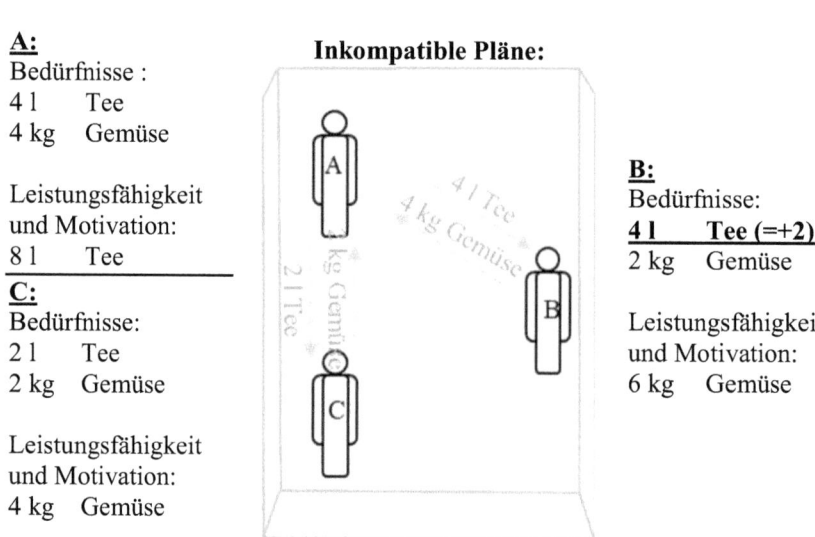

A:
Bedürfnisse :
4 l   Tee
4 kg Gemüse

Leistungsfähigkeit
und Motivation:
8 l   Tee

C:
Bedürfnisse:
2 l   Tee
2 kg Gemüse

Leistungsfähigkeit
und Motivation:
4 kg Gemüse

Inkompatible Pläne:

B:
Bedürfnisse:
4 l   Tee (=+2)
2 kg Gemüse

Leistungsfähigkeit
und Motivation:
6 kg Gemüse

Es hat sich ein *Ungleichgewicht* eingestellt, da B *nicht* mehr wie früher mit 2 Liter Tee zufrieden ist, sondern künftig 4 Liter konsumieren möchte und dazu auch fähig und willens ist, insgesamt 6 kg Gemüse zu produzieren (4 kg für den nunmehr auszuweitenden Tausch mit A und 2 kg für den Eigenverbrauch). Ein *Ungleichgewicht* bedeutet dies deswegen, weil B nun natürlich wünscht, dass A ihm ab sofort 4 kg abnimmt und dafür 4 l Tee liefert, C ja aber weiterhin von A 2 l Tee abzunehmen wünscht und dafür 2 kg Gemüse zu liefern bereit ist. Damit *erneut* ein *Gleichgewicht* bestünde, müsste A eine Leistungsfähigkeit und Motivation von 10 l Tee, nämlich 4 l für den Tausch mit B plus 2 l für den Tausch mit C plus 4 l für den Eigenverbrauch. Er hat aber nur eine Leistungsfähigkeit und Motivation im Umfang von 8 l. D.h. es ist ihm *unmöglich*, B *und* C täglich in dem von diesen beiden gewünschten Umfang zu beliefern. Nun können B und C nichts an der Tatsache ändern, dass die Leistungsfähigkeit und Motivation des A zu gering für sie beide ist. Jedem von ihnen beiden bleibt nur die Möglichkeit, *egoistisch* zu versuchen, A dafür zu gewinnen, einen Teil des

---

[37] In der Realität würde man etwa davon sprechen, dass ein Mensch Ehrgeiz entwickelt und sich weiterbildet, um auf der Basis besserer Fähigkeiten "mehr zu verdienen".

täglichen Tauschvolumens, das dieser bislang mit dem jeweils anderen abwickelt, auf *sich* "umzulenken". M.a.W.: B wird also versuchen, A dafür zu gewinnen, ihm *auch diejenigen* 2 l zu liefern, die dieser bislang immer an C geliefert hatte.

A:
Bedürfnisse :
4 l   Tee
4 kg   Gemüse

Leistungsfähigkeit
und Motivation:
8 l   Tee

C:
Bedürfnisse:
2 l   Tee
2 kg   Gemüse

Leistungsfähigkeit
und Motivation:
4 kg   Gemüse

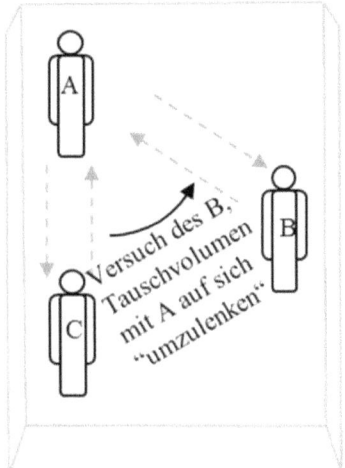

B:
Bedürfnisse:
4 l   Tee
2 kg   Gemüse

Leistungsfähigkeit
und Motivation:
6 kg   Gemüse

C würde dadurch in große Not geraten. Denn da sich die 3 Personen ausschließlich arbeitsteilig organisiert haben, ist er *nicht* in der Lage, das Produkt Tee *selbst* herzustellen. C hat damit ein *existentielles* Problem. Durch das aggressive Verhalten von B gerät er also in Panik und wird seinerseits natürlich alles versuchen, um dies zu *verhindern*. D.h. er wird versuchen, A dafür zu gewinnen, ihm auch *weiterhin* täglich 2 l Tee im Rahmen eines Tausches zu liefern. Zwischen B und C ist ein Konkurrenzverhältnis entstanden, und zwar um die Produktions- und Tauschkraft und Motivation[38] des A.

---

[38] Den Begriff der Produktionskraft verwende ich hier als Minimum der Variablen "Fähigkeit" und "Motivation" der betrachteten Person. Als Synonyme verwende ich "Kapazität", "Tauschkraft" oder auch "Kaufkraft".

A:
Bedürfnisse:
4 l Tee
4 kg Gemüse

Leistungsfähigkeit
und Motivation:
8 l Tee

C:
Bedürfnisse:
2 l Tee
2 kg Gemüse
Leistungsfähigkeit
und Motivation:
4 kg Gemüse

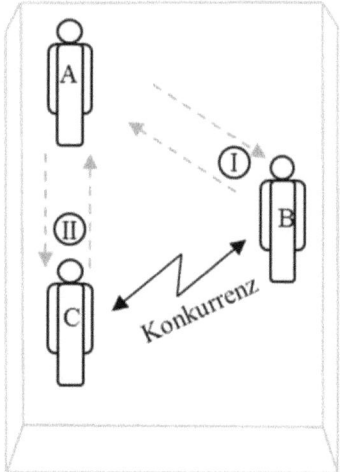

B:
Bedürfnisse:
4 l Tee
2 kg Gemüse

Leistungsfähigkeit
und Motivation:
6 kg Gemüse

Ⓘ   Versuch des B, von A täglich zusätzlich 2 l Tee zu erhalten gegen Lieferung zusätzlicher 2 kg Gemüse

Ⓘ Ⓘ   Versuch des C, von A auch *weiterhin* täglich 2 l Tee zu erhalten gegen Lieferung von 2 kg Gemüse wie bisher

Da ich im Rahmen des Menschenbildes, welches ich hier vertrete, dem *A ebenfalls* unterstelle, dass er *egoistisch* handelt, gehe ich davon aus, dass er einen Tausch mit *demjenigen* der beiden Zeitgenossen eingehen wird, der ihm "einen besseren Preis" anbietet. Was letzten Endes nichts anderes ist als ein besseres *Tauschverhältnis*. Daher kann jeder dem A nun anbieten, dass dieser als Gegenleistung für den Erhalt von je 1 kg Gemüse *weniger* als 1 l Tee liefern muss. B und C werden sich nun also nach Kräften bemühen, A ein für ihn *günstigeres* Tauschverhältnis anzubieten als der jeweils andere. Z.B. wird B dem A zunächst ein Tauschverhältnis von 1 kg Gemüse / 0,9 l Tee anbieten. C muss und wird darauf reagieren (er würde sonst verdursten, Tee ist ja das einzige Produkt zum Stillen des Durstes innerhalb dieser unserer Modellweltwirtschaft), indem er dem A ein Tauschverhältnis von 1 kg Gemüse / 0,8 l Tee anbietet. Ein *Wettbewerb* ist entstanden, eine *Auktion*.

Anm.: Es kann aber auch Wettbewerb dergestalt entstehen, dass B und C beginnen, ihre *Produktionsweise* zu *verbessern* und *effizientere* Verfahren zu entwickeln, so dass sie bei *gleichem* Einsatz persönlicher Arbeit *mehr* ihres jeweiligen Produktes herstellen können. Denn auf *diesem* Wege würde es jedem von beiden gelingen, dem A *mehr* ihrer Produkte anzubieten – für die gleiche Menge Tee. Auch *damit* würde dann für A ein besseres Tauschverhältnis erreicht werden können.

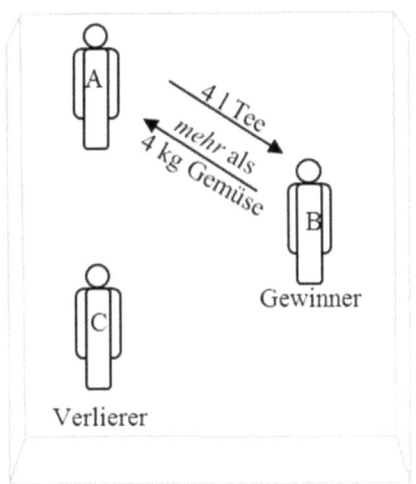

Dieses wettbewerbliche Verhalten bringt also für A den Vorteil mit sich, dass er mit einer Verbesserung des Tauschverhältnisses rechnen kann. Für die "gesamte Gesellschaft" bringt es den Vorteil mit sich, dass bessere - weil effizientere - Produktionsverfahren entwickelt werden. Denn die Entwicklung der effizienteren Produktionsverfahren zur Herstellung des Produktes x führt dazu, dass – bei Einsatz der gleichen persönlichen Arbeitskraft – *mehr* davon hergestellt werden. "Gesamtwirtschaftlich" gesehen erhöht sich damit also Nutzen, der Wohlstand dieser Gesellschaft – auch wenn, bei genauem Hinsehen, sich nicht der Wohlstand *aller* erhöht, sondern zumindest zunächst nur der Wohlstand des A, der ja für die gleiche Arbeit wie bisher mehr konsumieren kann. Für den *Verlierer* aber, im Modell also für <u>C</u>, hat die Situation einen *existenzbedrohenden* Charakter. Während es für seinen Konkurrenten B lediglich darum geht, *mehr* als die bislang erhaltenen 2 l Tee konsumieren zu können, geht es für C darum, ob er künftig *überhaupt* noch etwas zu Trinken bekommt.

Diese Ausführungen mögen dramatischer klingen als sie es in der Realität sind. Dies liegt aber nur daran, dass wir uns in der Bundesrepublik Deutschland dazu entschlossen haben, Menschen, die von diesem Schicksal heimgesucht werden, durch "Sozialhilfe" so zu unterstützen, dass ihre physische Existenz *nicht* bedroht ist (und sie auch darüber hinaus noch mit einigen *Komfortgütern* versorgt werden). Jedoch wollte ich mit diesen Ausführungen zeigen, welche *reinen* Effekte sich hinter dem Phänomen des Wettbewerbs verbergen.

Kurz gesagt: Wettbewerb hat Vorteile, aber auch Nachteile. Den Nachteil, dass er wohl stets dazu führt, dass der *Verlierer* seine Bedürfnisse *nicht mehr* in demjenigen Umfang stillen kann, der seiner Motivation entsprechen würde. In der traditionellen Volkswirtschaftslehre wird Wettbewerb fast immer nur im Zusammenhang mit den *Vorteilen* behandelt, die er mit sich bringt. Daher empfinde ich die Darstellung der *Nachteile*, wie ich sie oben geschildert habe, extrem wichtig.

Viele Politiker und Ökonomen sprechen lediglich von "Wettbewerbsfähigkeit". Doch da es bei Wettbewerb eben immer auch Verlierer gibt, mit den oben beschriebenen Folgen, kann dies *nicht* der richtige Weg sein, denn es kann global nicht unser Ziel sein, dass, um selbst wettbewerbsfähig zu sein, andere Zeitgenossen (ob im eigenen Land oder irgendwo anders auf der Welt) die *Verlierer* sind. Vielmehr ein *Gleichgewicht* muss meiner Überzeugung nach das Ziel sein, und zwar *weltweit*.

5 Zusammenfassung

Das Ziel, das ich mit diesem Beitrag verband, war es, Ihnen mit der Darstellung der Wirtschaft als ein System von "Tauschprozessen", oder exakter: von Prozessen der gegenseitigen Nutzenstiftung, einen ergänzenden oder auch alternativen Ansatz zur traditionellen volkswirtschaftlichen Forschung vorzustellen. Die traditionelle volkswirtschaftliche Forschung hat zu sehr vielen *Detail*-Problemen *hervorragende* Modelle entwickelt. Aber mit den Modellen zu den *drängendsten* "*großen*" Problemen wie Wirtschaftskrisen, Arbeitslosigkeit, Altersversorgung, gerechtfertigtem und ungerechtfertigtem Wohlstand ("Reichtum") sowie gerechtfertigem und ungerechtfertigtem Mangel an Wohlstand ("Armut") war ich schon während meines Studiums (1987-1992) nicht wirklich zufrieden.

Einige dieser ökonomischen Phänomene und Probleme versuchte ich vor dem Hintergrund meines Verständnisses von der Wirtschaft als einem System von Tauschprozessen zu erklären. Einem System von hochkomplexen Tauschprozessen. Einem System von hochkomplexen Tauschprozessen "nutzenstiftende (=bedürfnisstillende) Arbeit gegen nutzenstiftende (=bedürfnisstillende) Arbeit ".

6 Literatur

Arnold, L. (1997): Wachstumstheorie. München 1997.

Becker, I./Ott, N./Rolf, G. (Hg.)(2002): Soziale Sicherung in einer dynamischen Gesellschaft. Frankfurt/New York 2002.

Beckerath, E. v. et al (Hg.)(1956): Handwörterbuch der Sozialwissenschaften. Band 1, Stuttgart et. al 1956.

Bender, D. et. al (Hg.)(1999): Vahlens Kompendium der Wirtschaftstheorie und Wirtschaftspolitik. Band 1, 7. Aufl., München 1999.

Bernholz, P. (1993): Theorie der Wirtschaftssysteme. 3. Aufl., Tübingen 1993.

BGB: Bürgerliches Gesetzbuch, Beck im dtv, 76. Auflage, München, 2015

Bogs, W. (1956): Arbeitslosigkeit. In: Beckerath, E. V. et al. (Hg.)(1956): 305-321.

Casson, M. (2003): The Entrepreneur. An Economic Theory. 2. Edition. Cheltenham und Northhampton 2003.

Cobb, P. H./Douglas, C. W. (1928): A theory of production. In: American Economic Review, Papers and Proceedings, 18. Jg. 1928: 139-165.

Cox, H./Hübener, H. (1981): Wettbewerb. Eine Einführung in die Wettbewerbstheorie und Wettbewerbspolitik. In: Cox/Jens/Markert 1981: 1 ff.

Cox, H./Jens, U./Markert, K. (1981): Handbuch des Wettbewerbs.

Eichhorn, W. (1070): Theorie der homogenen Produktionsfunktion. Berlin 1970.

Eucken, W. (1954): Kapitaltheoretische Untersuchungen. Tübingen und Zürich 1954.

Frisch, R. (1965): Theory of production. Dordrecht 1965.

Gabisch, G. (1999): Konjunktur und Wachstum. In: Bender et. al 1999: 351-415.

Haberler, G. (1955): Prosperität und Depression. 2. Aufl., Tübingen und Zürich 1955.

Hillinger, C. (1969): The Measurement of Utility. In: The Review of Economical Studies, Edinburgh, 36. Jg. 1969: 111-116.

Jarchow, H.-J./Rühmann, 1988: Monetäre Außenwirtschaft. I. Monetäre Außenwirtschaftstheorie. 2. neu bearbeitete und erweiterte Auflage, Göttingen 1988.

Kantzenbach, E./Kallfass, H. H. (1981): Das Konzept des funktionsfähigen Wettbewerbs – workable competition. In: Cox/Jens/Markert 1981: 103 ff.

Kirzner, I. M. (1988): Unternehmer und Marktdynamik. München und Wien 1988.

Maslow, A. H. (1999): Motivation und Persönlichkeit. 32.-34. Tsd., Reinbek 1999.

Maynes, S. E. (1972): The Power of the Consumer. In: Strumpel/Morgan/Zahn (Hg.)(1972): 399-419.

Samuelson, P. A./Nordhaus, W. D. (2005): Volkswirtschaftslehre. Das internationale Standardwerk der Makro- und Mikroökonomie. Übersetzung der 18. Auflage, Landsberg am Lech 2005.

Shephard, R. W. (1970): Theory of cost and production functions. Princeton 1970.

Smith, A. (2005): Untersuchungen über Wesen und Ursachen des Reichtums der Völker. Band 1, Tübingen 2005.

Strumpel, B./Morgan, J. N./Zahn, E. (Hg.)(1972): Human Behavior in Economic Affairs. Amsterdam et. al. 1972.

Varga, S. (1957): Der Unternehmergewinn. Ein Beitrag zur Theorie der Vermögensverteilung. Berlin 1957.